토리노 멜랑콜리

FIAT
SERVIZIO
ASSISTENZ
C.S.I.R

채석장 그라운드
토리노 멜랑콜리

제1판 제1쇄 2023년 1월 3일

지은이 장문석
펴낸이 이광호
주간 이근혜
편집 김현주 최대연
마케팅 이가은 허황 이지현 맹정현
제작 강병석
펴낸곳 ㈜**문학과지성사**
등록번호 제1993-000098호
주소 04034 서울 마포구 잔다리로7길 18(서교동 377-20)
전화 02)338-7224
팩스 02)323-4180(편집) 02)338-7221(영업)
대표메일 moonji@moonji.com
저작권 문의 copyright@moonji.com
홈페이지 www.moonji.com

ISBN 978-89-320-4112-4 03920

토리노

멜랑콜리

장문석

문학과지성사

프랑코 라멜라 선생님을
추념하며

차례

작은 덕, 큰 덕

"결국에 우리의 도시는 본성상 멜랑콜리하다." 이탈리아 작가 나탈리아 긴츠부르그Natalia Ginzburg는 자신이 성장하고 생활했던 도시 토리노에 대해 이렇게 쓰고 있다. 그것도 같은 곳에서 같은 말을 두 번씩이나 반복한다. "이 도시의 본질적인 성격은 멜랑콜리이다." 그리고 토리노에 대한 다음과 같이 아름다운 묘사를 통해 멜랑콜리의 감성을 표현하려고 한다. 그렇게 작가는 한낮인데도 황혼 녘처럼 느껴지는 잿빛 도시 토리노의 특징을 멜랑콜리하게 드러내고 있다.

결국에 우리의 도시는 본성상 멜랑콜리하다. 겨울 아침에 도시는 모든 길에, 모든 대로에 퍼져 있는 기차역 특유의 냄새와 매캐함을 머금고 있다. 우리는 아침에 여기 도착하여 잿빛 안개에 둘러싸이고 이 냄새에 에워싸인다. 몇 번이고 희미한 태양이 안개를 뚫고 도시를 비춰 두껍게 쌓인 눈과 앙상한 나뭇가지들을 장밋빛으로, 라일락빛으로 물들인다. 길마다, 대로마다 쌓인 눈이 삽으로 치워져 봉긋하게 솟아난 눈 더미들을 이루고 있지만, 공원들은 아직 손이 가지 않아 두껍고 푹신한 담요인 양 눈으로 덮여 있고, 빈 벤치들과 분수들의 가장자리는 손가락 길이만큼 눈이 솟아 있다… 이 도시의 본질적인 성격은 멜랑콜리이다. 강은 멀어져가며 자줏빛 안개 속으로 사라지고, 안개 탓에 정오인데도 해질 녘이라고 착각하게 된다. 도시 어디에서나 음울하고도 숨 막히는 매캐한 냄새가 나고, 기차들의 호각 소리가 들린다.[1]

이 비범하게 빛나는 문장들은 긴츠부르그의 에세이 「한 친구의 초상」에서 인용한 것이다. 여기서 "친구"는 소설가이자 시인, 번역가이자 편집자인 파베세Cesare Pavese를 가리킨다. 파베세는 1930년 이래 찰스 디킨스와 대니얼 디포, C. S. 루이스, 허먼 멜빌, 거트루드 스타인, 존 스타인벡, 셔우드 앤더슨, 제임스 조이스, 윌리엄 포크너 등의 소설들을 꾸준히 번역했고, 비토리니Elio Vittorini와 함께 이탈리아에 미국 문화를 적극적으로 소개한 장본인이다. 전후에는 토리노 에이나우디 출판사의 편집자로 일하며 틈틈이 시와 소설을 발표했다. 그를 토리노의 중요한 상징적 지성으로 손꼽는 역사가 도르시Angelo d'Orsi에 따르면, 파베세에게 문학은 "존재의 권태와 정치의 속임수, 천박한 세상에 맞선 보호막"이었지만, 그것만으로는 충분치 않았다고 한다. 파베세는 파시스트당에도 가입했으나 '유배confino'를 떠나야 했고, 전후에 공산당에도 입당했으나 '정치적 인간'이 될 수는 없었다. 결국에 그는 1950년 여름의 어느 날 토리노의 로마 거리Via Roma에서 가까운 어느 호텔에서 스스로 목숨을 끊었다. 도르시의 문구를 빌리면, 그는 "행복의 추구에 진저리치며" 외형적 성공에도 불구하고 "항상 패배자"로 남겠다고 결심하여 "죽은 자들의 왕국으로의 여행"을 결행했다.[2]

도르시가 파베세와 더불어 강조하는 또 다른 토리노의 지성은 레오네 긴츠부르그Leone Ginzburg이다. 그는 오데사 출신의 유대인으로서 토리노 대학에서 러시아 문학을 가르쳤다. 그는 비타협적인 반파시스트 운동 단체인 '정의와 자유Giustizia e Libertà'의 토리노 지부 책임자이기도 했다. 파시즘 시대에 유대인이자 반파시스트의 삶이 어떠했을지 추측하기는 어렵지 않다. 그는 강단에서 쫓겨나고 '유배'를 떠나는 고초를 겪다가 1944년 2월 독일 친위대의 고문 끝에 살해당했다. 그의 죽음은 살아남은 자들에게 어떤 불편함을 준다. 도르시에 따르면, 그는 "단호하게 하나의 길만을 가리켰다." 긴츠부르그의 친구이자 토리노가 배출한 저명한 정치사상가 보비오Norberto Bobbio도 이렇게 썼다. "레오네는 유언을 남기지도 않고, 안녕을 고하지도 않고, 작업을 끝내지도 않고, 메시지를 남기지도 않고 죽었다. 그래서 우리는 체념할 수도, 용서를 구할 수도 없다."[3]

레오네 긴츠부르그와 파베세를 이어주는 사람이 나탈리아 긴츠부르그이다. 레오네는 같은 유대인이자 정치적 신념이 비슷한 레비Levi 가족과 친했는데, 나탈리아는 토리노 대학의 해부학 교수 주세페 레비Giuseppe Levi의 딸이었다. 레비가족의 삶은 나탈리아의 자전 소설 『가족어 사전』에서 다채롭게 펼쳐진다. 그들은 토리노 출신은 아니었다. 주세페는 트리에스테 출신이고 나탈리아는 시칠리아의 팔레르모에서 태어났지만, 일찍이 토리노로 이주했다. 레비 가문 사람들은 태생적으로 파시즘을 혐오하고 반파시스트 활동가들을 지원했으며 그런 가운데 개량적 사회주의자 투라티Filippo Turati의 망명을 돕기도 했다. 그러니 레오네 긴츠부르그가 레비 가족과 어울리고 나탈리아와 부부의 연을 맺은 것은 어쩌면 자연스러운 일이었다. 나탈리아와 레오네는 세 명의 자식을 두었고, 그 장남은 미시사microstoria의 걸작 『치즈와 구더기』를 쓴 카를로 긴츠부르그다. 레오네의 죽음 이후 나탈리아는 로마로 이주하고 재혼하지만 평생 '긴츠부르그'라는 성을 썼다.

토리노에는 다른 '레비들'이 있다. 카를로 레비Carlo Levi와 프리모 레비Primo Levi가 그들이다. 모두 같은 성을 썼지만 친족 관계는 아닌 것으로 보인다. 카를로 레비는 남부 유배지에서의 경험을 바탕으로, 이탈리아 현대문학의 걸작이라고 할 『그리스도는 에볼리에서 멈췄다』를 썼다. 이 작품은 "남부 농민의 삶에 만연한 불행과 빈곤, 격세유전적인 운명주의에 대한 충격적 초상"이다.[4] 한편, 프리모 레비는 아우슈비츠의 생존자로서 그의 증언 문학은 전 세계에 큰 충격을 던졌다. 그는 1987년 4월 토리노의 레움베르토 거리Via Re Umberto 75번지 자택에서 자살로 생을 마감했는데, 그의 자살은 또 다른 충격을 낳았다. 작가 서경식에 따르면, "죽음이 아니라 삶의, 또 인간성의 패배가 아니라 승리의 상징"이었던 프리모 레비가 어떤 설명도 없이 자살하자 사람들은 혼란에 빠졌다. 기적을 보아도 그때뿐, 끝내 바뀌지 않는 인간에 절망한 것일까? 의미심장하게도, 서경식은 불가리아 출신의 프랑스 비평가 토도로프Tzvetan Todorov의 말을 인용한다. "레비가 1987년에 자살하지 않았다면 모든 것이 단순 명쾌했을 것이다."[5] 토리노는 여전히 짙은 모호함을 "자줏빛 안개" 속에 가득 품고 있는 도시이다.

프리모 레비의 삶과 죽음을 지켜본 레움베르토 거리는 나탈리아 레비의 가족이 살았고 나탈리아와 파베세가 만나 우정을 나눈 토리노 문화의 산증인이라고 할 에이나우디 출판사가 있던 바로 그곳이다. 프리모 레비의 죽음을 품은 음울한 거리이지만, 『가족어 사전』이 잘 보여주듯이 나탈리아의 가족들이 반파시스트 투쟁의 시절에도 유머를 잃지 않고 살아간 유쾌한 공간이기도 했다. 그곳에서는 상대방을 순식간에 "당나귀"로 만드는 성격 급하고 의심 많은 아버지와 희망과 현실을 뒤섞어 "내 단골 채소 장수"의 말을 단숨에 정치적 현실로 만드는 낙천주의자 어머니가 살고 있었고, 투라티와 그의 연인이자 혁명가인 쿨리쇼프Anna Kuliscioff가 "실비오 외삼촌과 바르비숀 할아버지"와 한데 뒤얽혀 살고 있었다.[6] 그렇게 죽음과 삶, 멜랑콜리와 유머가 기이하게 교차하는 토리노의 거리들에서 어떤 덕성들이 나타났다. 멋진 표현을 빌리면, 이 덕성들은 토리노에서 보이는 "인간성의 이상으로 하얗게 빛나는 봉우리들"[7]처럼 우뚝하다.

아니, 토리노 사람들에게 좀더 친숙한 비유를 들자면, 그런 덕성들은 수페르가Superga와 닮아 있다. 토리노에는 어떤 지점에서도 보이는 높은 언덕 위 성당이 있다. 수페르가 성당이 그것이다. 수페르가는 1706년 토리노 전투 당시 사보이아 공작―나중에 사르데냐 국왕이 된―비토리오 아메데오 2세 Vittorio Amedeo II가 자신의 도시를 포위한 프랑스군의 진지를 굽어본 곳으로, 그는 이 전투에서 승리하면 이곳에 성당을 짓겠다고 맹세했다고 한다. 이윽고 시칠리아 출신의 건축가 유바라Filippo Juvarra를 초빙하여 1717년 7월에 공사를 시작했다. 얼마나 많은 돌과 대리석을 이곳으로 옮겨 왔는지, 수페르가 기슭은 지금도 "사시Sassi," 즉 "돌무지"로 불린다. 1731년 11월에 성당이 완공되었고, 한참 후에 사보이아 가문의 무덤들이 안치되었다.[8] 그런가 하면 1949년 5월 토리노 축구단을 태운 비행기가 수페르가 성당 뒤편에 추락하여 31명 전원이 사망한 비극적 사건을 추념하기 위해 작은 기념 공간 또한

수페르가 언덕에서 본 토리노의 파노라마

조성되어 있다. 이렇듯 엄숙함이 감도는 수페르가는 토리노의 어디에서나 볼 수 있다는 점에서 토리노의 진지한 덕성들을 상기시킨다. 언젠가 나탈리아 레비 긴츠부르그는 우리가 잃어버렸으나 자식들에게 가르쳐야 할 "큰 덕들"을 열거한 적이 있다. 수페르가가 상기시키는 큰 덕들은, 그 옛날 귀족 저택에 쓰여 있다는 문구처럼 "여전히 여전히ancora ancora" 토리노 곳곳에서 우리의 시선을 잡아끈다.

이 책에서 쓰려고 하는 것도 바로 토리노 역사의 뒤안길로 밀려나 잊힌 덕성들과 자유들이다. 특히 고베티Piero Gobetti와 그람시Antonio Gramsci, 그리고 무엇보다 고베티로부터 거대한 지적·도적적 영향을 받은 토리노의 반파시스트 자유주의 지식인들의 자유에 대한 끝없는 열망에 대해 쓰려고 한다. 그런 자유에의 열망으로부터 긴츠부르그의 "큰 덕들" 도 생성되었을 것이다. 이 지식인들은 진정 자유주의적인 만큼 혁명적이었고, 진정 혁명적인 만큼 틀에 박힌 규칙과 관례를 혐오하고 새로운 변화와 모순을 환대하며 진실을 추구하고자 했다. 그들이 품은 자유가 **큰** 자유가 된 까닭이다. 그러나 자유는 진공상태에서는 자라날 수 없다. 충분한 공기와 물, 따뜻한 햇빛이 없다면 덕과 자유의 나무는 생장할 수 없다. 그러나 토리노에서는 모든 것이 과잉이었다. 충분한 공기와 물은 거센 폭풍과 세찬 급류였고, 따뜻한 햇빛은 뜨거운 열기였다. 100년 동안 토리노에서 벌어진 자본과 노동의 투쟁은 식물이 잘 자랄 수 있는 환경은 아니었다. 그러나 모진 환경에서 살아남은 식물들이 강한 생명력을 지니게 되는 것도 사실이다. 이 책에서는 그렇듯 격렬한 사회적 갈등과 진지한 도덕적 성장이 대위법을 이루며 전개된 한 도시의 20세기를 기억하고자 한다. 비록 긴츠부르그식의 투명한 문장들로 표현할 수는 없어도, 토리노의 지식인들이 품어낸 큰 자유의 이상을 희미하게나마 드러내 보일 수 있기를 희망한다. 그런 큰 자유의 나무에서 다름 아닌 긴츠부르그가 말한 "큰 덕들"과 같은 굵은 열매들이 맺혔다.

> 아이들의 교육에 관한 한, 나는 작은 덕들이 아니라 큰 덕들을 가르쳐야 한다고 믿는다. 절약이 아니라 관대함과 돈에 대한 무관심을, 조심성이 아니라 위험에 대한 경멸과 용기를, 영악함이 아니라 정직과 진실에 대한 사랑을, 외교술이 아니라 이웃 사랑과 자기부정을, 성공에의 욕망이 아니라 존재와 앎에의 욕망을 가르쳐야 한다고 나는 믿는다.[9]

모든 길은 토리노로 통한다.
적어도 20세기에는

모든 길이 로마로 통할 때 토리노는 알프스 기슭의 작은 병영에 지나지 않았다. 병영이 도시의 면모를 갖추기 시작한 것은 1563년 "강철투구"라는 별명의 사보이아 공작 에마누엘레 필리베르토Emanuele Filiberto가 공국의 수도를 샹베리에서 토리노로 옮긴 뒤부터였다. 천도는 공국의 중심이 더 이상 알프스 저편이 아닌 이편의 피에몬테 지역이 되었음을 말해준다. 피에몬테는 근면하고 강인한 소농들의 고향이자 살찐 사냥터와 멋진 포도밭의 고장이었다. 물론 도시 토리노는 여전히 촌스러웠다. 1581년에 토리노에 들른 프랑스 작가 몽테뉴는 "투리노Turino"가 "몹시 축축한 곳에 서투르게 조성되어 호감이 안 가는 소도시"라고 썼다. 그러나 한 세기 반쯤 지나자 상황이 급변했다. 몽테스키외에게 토리노는 "세상에서 가장 아름다운 거주지"였다. 그사이에 무슨 일이 있었을까? 사르데냐 공국의 비토리오 아메데오 2세가 "여우"라는 별명답게 열강의 틈바구니 속에서 공국을 지켰을 뿐만 아니라 '사르데냐 왕국'으로 승격시킨 것이다. 그 후 왕실은 유바라를 비롯한 많은 건축가들을 후원하여 토리노를 유럽의 다른 도시들과 어깨를 견줄 만큼 근사한 바로크 도시로 탈바꿈시켰다.[1]

토리노를 위한 또 한 번의 도약은 1849년부터 1864년 사이에 이루어졌다. 자유와 독립, 통일의 이상들이 뜨겁게 작열하던 고통과 영광의 시대에 이 도시는 이탈리아 리소르지멘토Risorgimento, 즉 민족 부흥 운동의 정치적 중심지로서 그 광채를 뿜어냈다. 마침내 1861년 통일 이탈리아 왕국이 선포되었을 때, 토리노는 이탈리아의 첫 수도가 되었다. 그런 영광은 오늘날 토리노 한가운데에 있는 카를로 알베르토 광장Piazza Carlo Alberto에 우뚝하게 자리 잡은 리소르지멘토 박물관에서 고스란히 확인할 수 있다. 박물관에는 사르데냐 왕국의 총리로서 이탈리아 통일의 '두뇌'로 불리는 카부르Camillo Benso di Cavour를 비롯한 리소르지멘토의 영웅들과 극적인 사건들, 기억의 장소들이 가득하여 비단 이탈리아인이 아니더라도 국적에 상관없이 보는 이의 애국심을 뭉클하고도 비장하게 자극한다. 토리노는 이탈리아의 애국심뿐만 아니라 모든 애국심을 대표하는 공간이요, 모든 애국자의 성지이다. 그렇게 19세기의 토리노는 민족의 길들이 만나는 교차점이 되었다. 요컨대 토리노는 조국들의 조국인 것이다.

이탈리아의 수도가 피렌체로, 다시 로마로 바뀌면서 토리노는 정치적 수도의 무거운 짐을 내려놓았다. 더 이상 일국의 수도가 아니었던 19세기 후반의 토리노에는 전통과 혁신이 팽팽히 대립했다. 한편으로 사보이아 왕조의 귀족주의와 애국주의 전통의 유산이 강고하게 남아 사람들은 낡은 형식주의와 규율에 집착하고 사방에서 출몰하는 새로운 것들을 의심의 눈초리로 흘겨보았다. 그리하여 새로운 산업에서 미래의 가능성을 엿보기보다는 공직과 연금에 의존하고 멋진 제복과 가슴과 어깨에 주렁주렁 달린 훈장과 계급장을 동경했다. 그러나 다른 한편으로 새로운 산업과 소비적 유행이 몰려들며 토리노는 패션과 자동차, 영화의 중심지로 떠오르기 시작했다. 또한 토리노 지식계에는 피히테와 키르케고르, 바이닝거Otto Weininger, 쇼펜하우어, 니체의 책들이 번역 소개되었고, 니체와 미헬스Robert Michels 등이 토리노를 방문했다.

이 대목에서 니체와 토리노의 각별한 인연을 그냥 지나칠 수 없다. 1924년에 편찬된 토리노 여행을 위한 어느 가이드북에는 이렇게 쓰여 있다. "1888년 카를로 알베르토 광장과, 이 광장과 이름이 같은 거리가 교차하는 지점의 남향 건물 4층에 위대한 철학자 페데리코 니체가 거주했는데, 그는 틀림없이 토리노에서 처음 정신병이 발병하여, 이 때문에 10년 후에 사망했다."[2] 이 발병과 관련된 일화는 유명하다. 니체는 1889년 1월 3일 집 근처 포 거리Via Po에서 꼼짝하지 않는 말과 씨름하던 마부가 채찍을 휘두르는 모습을 보고 말을 부둥켜안고 정신을 잃었는데, 그의 정신은 붕괴하여 끝내 회복하지 못했던 것이다. 그런 니체가 1888년 5월 13일 자 편지에서 토리노에 대한 감상을 남겼으니, 19세기 말 토리노의 정경, 즉 특유의 변덕스런 날씨에 대비한 아케이드 방식의 긴 주랑 길—포 거리!—과 가로수 길이 정취 있게 펼쳐진 도시의 풍모가 눈앞에 선하다. "숭고할 정도로 진지하고 조용한 거리에는 18세기의 귀족적인 궁전들이 줄지어 서 있습니다(제가 사는 거리에도 의회 청사로 쓰였던 오래된 카리냐노궁이 있습니다). 고상한 카페에서는 토리노식 아이스크림과 초콜릿을 팔고, 서점에서는 세 가지 언어를 씁니다. 대학과 훌륭한 도서관도 있지요." 같은 해 12월 16일 자 편지에서는 도시에 대한 감정이 더욱 고조된다. "흐린 날에는 도시가 얼마나 아름다워 보이는지! 최근에 이런 생각이 들었네. 예전에는 사람이 떠나고 싶지 않은 곳, 심지어 외진 시골로 간다고 해도 떠나고 싶지 않은 장소는 존재할 수 없다고 생각했지. 거리를 걷는 것만으로도 행복한 곳!"[3]

　　"축축한 곳"(몽테뉴)이 "행복한 곳"(니체)이 될 때까지 대략 300년이 걸린 셈이다. 그동안 토리노는 공국의 수도에서 왕국의 수도로, 마침내 민족국가의 수도로 자신의 정치적·문화적 에너지를 아낌없이 발산했다. 그리고 20세기에 접어드는 순간에 토리노는 자신의 또 다른 사명을 찾았으니, 이제는 정치적 수도에서 **경제적** 수도로 단숨에 변신을 시도했다. 아닌 게 아니라 토리노는 니체가 차라투스트라의 입을 빌려 말했듯이 봉우리에서 봉우리로의 최단거리를 가는 긴 발을 가진 거인이었다.[4] 지리적으로, 토리노는 유럽을 향해 난 창窓이었다. 새로운 문물의 상징인 자동차도 토리노를 거쳐 이탈리아에 들어왔다. 자동차의 새로움에 경탄하고, 그 경제적 잠재성을 포착한 사람은 적지 않았다. 그러나 새로운 아이템과 테크닉을 대규모의 자본주의 산업으로 조직하여 막대한 이윤을 창출할 수 있는 기업가 역량entrepreneurship을 보여준 사람은 흔치 않았다. 아녤리Giovanni Agnelli가 그런 소수의 비범한 사람들 축에 속했다. 그는 원래 시골 지주이자 기병 장교였지만, 처음 자동차를 본 뒤 1899년 토리노의 관문 포르타 누오바Pora Nuova 역 근처의 카페 부렐로에서 지방 귀족 및 부르주아 출신의 자동차 애호가들과 재력가들을 규합하여 자동차 회사 피아트Fabbrica Italiana Automobili Torino, Fiat를 설립했다. 귀한 자식은 오히려 평범한 이름으로 부르라고 했던가. '토리노의 이탈리아 자동차 공장'이라는 평범한 이름의 회사는 곧 이탈리아의 귀하디 귀한 기업으로 성장할 것이었다. 그리고 원래 말과 마차를 사러 토리노에 오는 사람들을 위한 휴식과 만남의 장소였던 카페는, 이제 이탈리아 자동차 문화의 요람이자 성지가 되었다. 토리노의 20세기, '철과 불'의 시대는 그렇게 작은 카페에서 시작되었다.

당시 토리노는 피아트뿐만 아니라 다른 많은 자동차 제작 업체들을 거느렸고, 기계금속 산업 외에 섬유패션 산업에서도 강세를 보였다. 그러나 피아트는 다른 자동차 업체들을 끌어당기고 다른 산업 분야들을 밀쳐내면서 토리노를 "회사─도시company-town"로 만들 터였다. 이와 동시에 토리노의 인구 구성과 도시 외관도 바뀌어 노동자 수가 급증하고 노동자 거주 구역이 새롭게 조성되었다. 예컨대 1911년 토리노 기계 금속 부문 기업들의 노동자 수는 세기 초에 비해 무려 일곱 배가 늘어 2만 8천 명에 이르렀는데, 이는 도시의 전체 산업 노동자의 3분의 1을 훌쩍 넘긴 수치였다. 노동자들은 여전히 가난했으나, 그럼에도 예전에 비해 그들의 식단은 좀더 다양해지고 풍부해졌다. 일요일과 축제일에 국한되기는 했지만 고기도 식탁에 올랐다. 그들은 글과 셈도 배우고 서로 어울리며 제한적이나마 비슷한 의식으로 연결되기 시작했다. 초기 사회주의 사상도 파고들어 와, "자유" "해방" "평등" "미래"와 같은 이름의 노동자 서클들이 결성되었고, 노동자들은 자기 자식들에게 "리베라Libera" "마르크시나Marxina" "리베라 이데아Libera Idea" "리벨로Ribello"와 같은 자유 지향적이고 혁명적인 세례명을 지어주었다.[5] 무솔리니Benito Mussolini의 대장장이 아버지가 아들에게 이탈리아에는 없던 이름 "베니토"를 붙여준 것도 실은 그런 유행에 따른 것이 아니었을까. 베니토 후아레스Benito Juárez는 아버지가 존경한 멕시코 혁명가였다.

물론 낡은 '빈민'과 새로운 '노동자'가 말끔히 구분되지는 않았다. 양자는 넓게 겹쳐 있었다. 그럼에도 더 이상 개별적 자선이 아니라 집단적 자기 해방을 추구하는 '노동자'라는 범주의 등장은 완전히 새로운 현상이었다. 당시 토리노에 근거를 둔 금속노동자연맹(이하 FIOM)의 지도자 부오치Bruno Buozzi가 그런 새로운 노동자의 전형이었다. 그는 14세의 어린 나이로 공장 일을 시작하여 험한 세상과 싸우며 노동운동 지도자로 성장했다. 부오치는 "『종의 기원』을 읽고 민중 대학을 다니며 오페라 시즌에 극장 삼등석에 앉고 독일 기술에 감탄하지만 독일 카이저를 혐오하고 러시아 허무주의를 사랑하며 투라티에 투표하는" 자수성가한 존경스러운 노동자였다. 결코 과격하지 않았던 그는, 노동자의 자율성과 통일성을 일관되게 추구하면서 단체협상을 통해, 노조와는 별개로 노동자들 사이에서 선출된 대표자들로 이루어진 민주적 조직인 내부위원회의 인정과 노동 시간의 감축을 끌어낸 합리적이고 현실적인 협상가이자 절제된 투쟁가였다.[6] 확실히 부오치는 아벨리와 함께 20세기의 시작을 알린 '새로운 인간'이라 할 만했다.

그렇듯 토리노는 완전히 새로운 대규모 기업과 완전히 새로운 조직된 노동운동을 낳았다. 기업과 노동운동은 전형적인 근대 세계의 현상들이며, 토리노는 이를 순수한 이념형으로 우리에게 보여준다. 앞으로 보겠지만, 20세기의 부유하는 기표들인 기업가와 노동자, 자본주의와 사회주의, 계급투쟁과 혁명, 이윤과 착취 등이 토리노만큼 깊고 굵게 역사에 기입된 사례는 흔치 않다. 앞에서는 기업가 아녤리와 노동자 부오치만 거론했지만, 다른 방식으로 20세기의 전형이 되는 주인공들과 그들에 얽힌 일화와 사건은 수없이 많다. 토리노는 그런 이야기들로 넘쳐나는 도시이다. 그런 점에서 이 피에몬테의 주도는 이탈리아 성당들을 밝히고 있는 스테인드글라스와 같다. 스테인드글라스는 문맹자들에게 성경의 내용을 보여주는 수단이었다. 20세기 토리노의 스테인드글라스들도 오늘날의 문맹자들에게 근대성의 성경을 보여준다. 여기서 현대의 문맹자란 20세기 역사의 강렬한 발전과 투쟁의 경험들을 기억하거나 이해하지 못하는 사람을 가리킨다. 토리노 교회에 발을 들여놓는 순간, 스테인드글라스가 20세기 역사에 내재하는 전형성과 다양성, 그 예외적인 성공과 실패를 환히 비춰줄 것이다.

여기서 끝맺기 전에 한 가지만 덧붙이자. 노동자가 빈민에서 막 분리되어 나오려 했던 20세기 초에서 100여 년이 흐른 오늘날의 현실을 생각해보려고 한다. 당시와는 정반대 현상이 눈에 들어오지 않는가? 이스라엘 정치학자 타미르Yael Tamir는 오늘날의 신자유주의적 세계주의globalism로 인해 세계 곳곳을 제집 드나들듯 오가는 소수의 엘리트 "유동 계급"과 그런 이동은 꿈도 꿀 수 없는 "뒤에 남겨진" 다수로 사회적 지형이 급속히 재편된 현실을 지적한다. 그러면서 노동계급에서 빈민으로의 이동, 즉 100년 전에 빈민으로부터 솟아나온 노동자가 다시 빈민 속으로 묻혀 들어가는 과정과 그 치명적 효과에 주목한다.[7] 비록 타미르는 동료 시민들과의 연대에 기초한 민족주의nationalism를 통해 사회 문제에 대한 해법을 찾고 있지만, 그런 해법에 만족하지 못한다면 자본주의가 재편되고 계급이 해체되는 길고 복잡한 역사적 과정을 찬찬히 살펴봐야 한다. 노동계급에서 빈민으로의 그런 추락은 하룻밤 사이에 일어났을 리 없기 때문이다. 그 과정은 필경 사회적·경제적 과정이었을 뿐만 아니라 정치적·이데올로기적 과정이었을 것이다. 요컨대 노동자가 등장한 과정만큼이나 사라진 과정, 나아가 앞으로 새로운 존재 방식이 등장하게 될 과정을 이해하고 추론하는 것 역시 우리의 중요한 과제가 아닐 수 없다. 이 과제를 수행하려는 입장에서도, 토리노는 극적인 이야기들을 스테인드글라스처럼 다채롭게 비춰주고 있으니, 모든 길은 이 피아트의 도시로 통하는 듯하다. 적어도 20세기에는 말이다.

1장

이탈리아의 디트로이트,
이탈리아의 페트로그라드

포드처럼 하자

20세기 토리노는 장대한 산업과 장렬한 혁명이 공존한 도시이다. 이 도시는 종종 "이탈리아의 디트로이트" 또는 "이탈리아의 페트로그라드"로 불렸다. 그런데 잘 생각해보자. 디트로이트에는 장렬한 혁명이 없었고, 페트로그라드에는 장대한 산업이 없었다(물론 상대적인 견지에서 그렇다는 말이다). 그런 점에서 토리노는 혁명이 있는 디트로이트이자 산업이 있는 페트로그라드였다. 디트로이트의 은유에서 보듯이 토리노에는 피아트라는 거대한 자동차 기업이 포드Henry Ford의 본보기를 따라 새로운 생산 조직을 실험하고 있었고, 페트로그라드의 은유에서 보듯이 러시아 볼셰비키들을 우러러보는 토리노의 다부진 혁명가들과 노동자들이 혁명적 선동을 시도하고 있었다. 그렇기에 1920년을 전후한 시기에 토리노는 도시 자체가 하나의 거대한 **사회정치적 실험실**이었다고 말할 수 있다.

자동차 산업이라는 젊디 젊은 산업은 무엇보다 피에몬테에 집중되어 급속하게 성장하고 있었다. 이 지역에서는 1904년에 7개의 자동차 회사만 있다가 1907년이 되면 그 수가 무려 61개로 늘었다. 피아트도 이 비슷한 시기에 상승세를 타서 주식 시장에서는 피아트의 생산이 두 배로 늘고 배당금도 상당할 거라는 소문이 파다했다. 아넬리는 1904년에 주식 분할을 시도하여 액면가 25리라의 3만 2천 주를 발행함으로써 중소 규모의 저축자들을 대거 끌어들이면서 피아트의 창립에 관여한 최초의 재력가들의 과도한 영향력을 줄이려고 했다(피아트는 창립 당시 액면가 200리라의 4천 주를 발행하여 자본금 80만 리라로 시작했다). 당시 주식 시장에서 '피아트 러시'가 어떠했는지는 토리노의 직물 기업가 본퐁크라폰 **Louis Bonnefon-Craponne**이 증언하고 있다. 그는 "거대한 대중"이 너도나도 예금을 인출하여 피아트를 비롯한 유망 기업들의 주식을 사들이고 있다고 말했다. 가히 피아트의 금융 포퓰리즘이라고 할 수 있을지도 모르겠다.[1]

그러나 산이 높으면 골도 깊은 법이다. 1906~1907년의 거대한 금융위기가 토리노 자동차 산업을 덮쳐 한순간에 나락으로 떨어뜨렸다. 그런 와중에 한때 1,885리라로 급등했던 피아트 주식도 1907년의 첫 9개월 동안 445리라에서 17리라로 급락했다. 이 분야의 과도한 팽창이 돌연한 재앙을 몰고 온 셈인데, 이 위기로 말미암아 막대한 자본이 증발하고 산업 구조조정이 개시되었다. 토리노의 수많은 자동차 기업들이 도산하거나 흡수되어 소수의 회사들만이 남았다. 그리고 이 생존자들은 위기 이후의 새로운 기회들을 이용할 수 있었다. 피아트가 바로 그런 생존자이자, 역설적이게도 자동차 산업이 입은 심각한 타격과 잇따른 구조조정의 주요 수혜자였다. 사실, 아넬리는 이미 1906년에 밀라노 상업은행Banca Commerciale의 지원으로 금융위기를 신속하게 극복할 수 있었을 뿐만 아니라 지방의 개별 자본가들의 영향력에서도 벗어날 수 있었다.[2]

그러나 좀더 공정하게 말한다면, 아넬리는 은행의 개입도 싫어했다. 상업은행의 지원도 실은 지방 재력가들의 영향력에서 벗어나게 하는 수단인 한에서 받아들였다고 할 수 있다. 회사의 재정 상황이 안정된 1912년 6월에 개최된 피아트 이사회는 더 이상 은행의 보호 아래에 있을 하등의 이유가 없다면서 "항상 은행들은 서로 합의하는 법이 없다"는 점을 각별히 강조했다.[3] 이 말은 피아트가 외부의 변덕스러운 개입을 허용하지 않을 것이며, 기본적으로 "자가 금융 autofinanziamento"의 길을 걷겠노라는 의지를 단호하게 표명한 것으로 읽을 수 있다. 사실, 피아트의 역사에서 초지일관 두드러지는 것이 바로 이 재정적 독립성과 자율성이다. 1927년 설립된 산업금융기구(이하 IFI)는 그런 점에서 피아트 자가 금융의 상징과도 같다. 인척인 나시 가문과 사돈인 부르봉 델 몬테Bourbon Del Monte 가문의 자본금 1천만 리라로 설립된 IFI는, 피아트의 금융지주회사로서 아넬리 가문의 피아트 지배를 가능하게 하고 피아트를 가족 기업으로 발전시킨 강력한 지렛대였다. 이 자가 금융과 가족 기업의 전통은 지금까지

이어져 오늘날 아녤리 가문의 금융지주회사인 엑소르Exor가 그런 기능과 역할을 IFI로부터 이어받았다.

금융위기의 골에서 벗어난 아녤리는 피아트의 본격적인 발전을 준비했다. 그는 처음부터 자동차 산업의 무한한 가능성을 확신했고, 피아트를 어느 방향으로 이끌고 갈지 분명한 계획이 있었다. 그는 1901년에 이렇게 말했다. "우리는 자본과 대중과 노동의 대이동 전야에 있다. 내가 틀릴지도 모르나 자동차는 근본으로부터 사회적 혁신의 시작을 알릴 것이다."[4] 사회적 혁신의 방법은 아녤리에게 하나의 구호로 압축되었다. "포드처럼 하자Fare come Ford." 피아트 공장에도 큼지막이 새겨 있던 이 말은 아녤리가 자신의 모델을 프랑스나 영국이 아니라 미국에서 찾았음을 웅변한다. 이는 오늘날의 관점에서 당연해 보이는 선택일지 모르나, 당시 토리노에서는 외려 '리옹 모델'이나 '맨체스터 모델' 등이 더 많이 논의되고 있었음을 고려하면 중요한 선택이었다. 이미 아녤리는 시장을 위해 미국에 영업점들을 개설했고, 생산을 위해 1906년과 1911년에 몸소 미국으로 건너가 디트로이트 공장을 연구했다. 그는 피아트를 "포드의 방법"대로 바꾸는 작업에 즉각 착수했다. 곧 피아트는 "생산 리듬을 가속화하고 생산을 증대하기 위해 가장 최근의 과학적 조직 기술은 물론, 표준화된 부품을 사용하고 컨베이어벨트 시스템을 도입한 시설을 이탈리아에서 처음 구축한 회사 중 하나"가 되었다.[5]

아녤리는 모방이 곧 혁신이라는 교훈을 새삼 깨닫게 해주는 사례이다. 왜냐하면 포드가 추구한 대량생산과 대중소비는 예외적으로 큰 시장을 가진 미국에나 적합한 모델이지, 시장이 작은 이탈리아와 같은 유럽 국가들이 함부로 채택할 수 있는 모델은 아니었기 때문이다. 당시 수많은 기업가들과 경제학자들, 경제 관료들이 미국식 모델은 이탈리아와 유럽에는 전혀 맞지 않는다고 목청을 높이고 있었다. 그들에게 아녤리는 어리석은 기업가였다. 그러나 아녤리는 어찌 보면 무모하고 저돌적일지언정 결코 어리석지 않았다. 그는 일단 '포드주의'를 선택한 다음에는 조금도 주저하지 않았는데, 현명하게도 셰익스피어가 말하고 마르크스가 인용한 경구를 잘 알고 있었다. "참된 사랑의 길은 결코 순탄하지 않다."[6] 그러므로 사랑을 불가능하게 만드는 장애물은 극복되어야 했다. 아녤리는 하나의 모델이 주변 환경에 맞지 않는 상황에서 다른 모델로 바꾸는 대신에 환경 자체를 바꾸고자 했다. 모방자가 혁신자가 될 수 있는 까닭이 여기에 있다.

물론 아녤리는 꿈꾸는 이상주의자가 아니었다. 오히려 계산하는 현실주의자였다. 그가 피아트 창업 초기의 불확실한 상황에서 회사를 지키고 키워나갈 수 있었던 것도 그런 현실주의 덕분이었다. 그의 투철한 현실주의를 잘 보여주는 초창기 일화가 있다. 아녤리는 1900년 12월 파리 자동차 박람회에서 메르세데스의 엔진 앞에 장착된 벌집 모양 라디에이터를 보고 감명을 받았다. 당시에 냉각 장치로서는 아주 훌륭한 혁신이었다. 그러나 토리노에 돌아와 아녤리는 피아트 엔지니어 파촐리Aristide Faccioli와 공공연한 불화에 빠졌다. 자동차 엔지니어로서 긍지가 강한 파촐리는 다른 회사의 것을 베끼기보다는 독창적인 연구와 실험을 통해, 그리고 끈질긴 수정 작업을 통해 완성도 높은 자동차를 만들고 싶어 했다. 반면, 아녤리에게는 "다른 경우들에서 **검증된** 결과와 생산 비용, 그리고 어쨌든 시장에 내놓을 필요성"이 무엇보다 중요했다. 아녤리는 곧 파촐리를 해고하고, 자신의 뜻을 관철시켜 1902년에 6만 4천 리라의 순이익을 남겼다.[7] 아녤리 스스로가 자신의 현실주의를 아주 잘 의식하고 있었다. 1923년 12월 파시스트 노조와 갈등을 겪고 있을 때 아녤리는 토리노 지사가 파시즘에 대한 자신의 정치적 충성심을 의심하는 보고를 로마에 타전했다는 소식을 듣고서 피에몬테 방언을 섞어 이렇게 조롱했다고 한다. "그들은 내가 피아트에서 일하지만 레닌으로부터도 주문을 받는다는 걸 모르는 모양이야."[8]

사실, 아녤리는 많은 점에서 포드와 닮았다. 포드 역시 자수성가한 농부의 아들로서 특유의 배짱과 고집이 대단했다. 또한 도시에서 처음 "말 없는 마차"를 보았을 때 즉각 그것이 미래의 운송수단을 대표하리라고 직관했다. 특히 포드와 아녤리의 감성과 본능이 공히 '귀족적'이기보다 '대중적'이었음을 지적해야 한다. 두 사람 모두 더 많은 사람들이 자동차를 이용해 자유롭게 이동할 수 있게 하는 "대중을 위한 자동차"라는 발상을 밀고 나갔다. 나아가 둘 다 새로운 것이나 진기한 것을 모방하여 이를 자기 방식대로 실현하는 힘이 대단했다는 점도 인상적이다. 미국 예찬론자 아벨리의 이탈리아 판본 포드주의는 말할 것도 없고, 포드가 자동차 생산의 연속 공정에 대한 아이디어를 시카고의 도축 공장에서 얻었다는 것은 유명하다. 즉 도축 공장의 '해체disassembly'라인을 거꾸로 적용하여 '조립assembly'라인을 도입했던 것이다.[9]

계급투쟁

근대 산업의 탄생 과정은 곧 사회 갈등 또는 계급투쟁의 과정이기도 했다. 토리노도 예외가 아니었다. 이 피에몬테의 주도가 이탈리아반도에서 가장 일찍, 또 가장 역동적으로 산업화가 이루어진 곳인 만큼 사회 갈등도 격렬하게 전개되었다. 1900년 토리노에서 임금 인상과 10시간 노동을 요구하는 금속 부문 노동자들의 강력한 파업이 발생했다. 파업은 실패로 돌아갔지만, 이듬해 같은 노동자들이 노동조합의 대표성을 인정하라는 요구를 포함하여 한층 확대된 요구들을 내걸고 다시금 파업을 단행했다. 이번에 노동자들은 공장을 넘어 도심 광장까지 진출하고 가스 부문 노동자들의 조업 중단까지 끌어내는 등 금속 부문을 넘는 폭넓은 지지를 얻었다는 점에서 "도시의 역사상 최초의 총파업"이었다고 할 수 있다. 나아가 1905년 토리노의 거의 모든 부문 노동자들이 참여한 대규모 총파업이 일어났고, 노동조합들이 빠르게 조직되면서 1910년경에는 노동회의소가 58개의 노동조합을 대표하게 되었다. 그런 과정에서 이미 1901년에 결성된 FIOM이 "나라에서 가장 영향력 있고 가장 잘 조직된 노동조합"으로 우뚝섰다.[10]

주목할 점은 토리노가 노동자들의 조직화만큼이나 사용자들의 조직화까지 예외적인 방식으로 보여주는 무대였다는 사실이다. 노동자들의 조직과 투쟁, 규율과 전투성에 자극받은 아녤리와 젊은 기업가들은 1906년에 토리노에서 산업동맹Lega Industriale이라는 사용자 단체를 결성했다. 이 단체의 목표는 "노동자들과의 협의를 증진"하는 동시에 "산업과 그 회원들의 집단적 이해관계를 방어하는 것"이었다. 이를 위해 회보를 발간하며 회원들 사이에 정보를 공유하고 연대 활동을 조직하고자 했다. 단체 결성 당시 200개가 훌쩍 넘는 기업들을 포괄한 산업동맹은, 조만간 피에몬테 전역의 기업들까지 포괄하면서 확대되고 나중에는 1910년에 결성된 전국 단위 사용자 단체인 콘핀두스트리아Confindustria의 모체가 되면서 그 활동의 중핵을 이룰 것이었다. 산업동맹의 기본 노선은 노동조합을 파트너로 인정하고 임금 인상 등 적절한 합의를 도출함으로써 공장의 평화를 유지하는 것이었지만, 내부 의견은 여러 갈래로 나뉘어 있었다.[11]

한편, 토리노 산업동맹 안에서 독자적인 자동차공장협회가 1911년 12월에 결성되었다. 협회는 작업 속도를 올리고 내부위원회를 노동자 대표로 인정하지 않는 대신에 임금 인상과 노동 시간 단축을 제안했다. 그러나 당시 혁명적 생디칼리슴 분파가 다수를 점한 FIOM이 이 협상안을 거부했다. 사용자들도 협상안에 불만이 많았는데, 산업동맹 의장 본퐁크라폰은 토요일 반일 근무를 뜻하는 "영국식 토요일"을 양보한 것이 위험한 선례가 될 수 있다고 경고했다. 그런 상황에서 1912년 1월 중순에 파업이 일어나 2달 이상 전개되었다. 그러나 노동자들이 임금을 받지 못하는 상태에서 장기 파업은 오래갈 수 없었고, 노동자 측은 결국 피아트의 협상안을 수용할 뿐만 아니라 파업 전에 회사와 협상할 의무도 인정해야 했다. 초봄께 조업이 재개되었다. 자동차 시장의 호조에 힘입어 피아트는 주당 60시간으로 되돌아감으로써 파업 탓에 잃어버린 노동 시간을 만회했다. 피아트는 그해 10개월이 채 안 되는 동안 무려 3,400대의 차를 생산했다.[12]

그러나 공장의 평화가 이루어진 것은 아니었다. 1913년 2월 FIOM은 주당 54시간으로의 노동 시간 단축과 FIOM의 정당한 노동자 대표권 인정 등 새로운 요구를 내걸었다. 자동차공장협회는 FIOM과의 협상에서 대표권을 인정하는 조건으로 노동 과정 조직화를 자유롭게 추진할 수 있게 되었다. 그러나 적지 않은 노동자들이 이 타협안에 불만을 품었다. 3월 19일 새로운 파업이 시작되었다. 그런데 이번 파업에는 변수가 있었다. 5월에 15개 회사 사용자들로 이루어진 기계금속협회가 새로 결성되었는데, 이 협회는 자동차공장협회보다 조직적으로 응집력 있고 재정적으로 여유가 있었다. 또한 그동안 사용자 측이 양보한 임금 인상이 지나치다는 강경한 입장을 고수하며 파업에 맞서 공장 폐쇄도 불사한다는 입장을 지지했다. 이런 입장은 전국 사용자 단체인 콘핀두스트리아와 산업동맹도 공유했다. 그리하여 5월 26일 산업동맹은 산하의 모든 금속 부문 공장들의 폐쇄를 선언하기에 이르렀다. 그러나 당시 졸리티Giovanni Giolitti가 이끌었던 정부는 토리노 사용자들의 그런 "과도함"이 노사관계의 안정을 해친다고 비난했다. 때마침 졸리티의 노선을 확고하게 지지하던 아녤리가 개입하여 FIOM과의 극적인 타협을 이끌어냄으로써 무려 90일 이상을 끈 장기 파업은 일단락되었다. 만일 비타협적 기업가들의 노선에 따라 공장 폐쇄가 이루어졌다면 어떤 일이 일어났을까? 역사가 카스트로노보Valerio Castronovo는 공장 폐쇄가 "극단적 생디칼리슴의 총파업 이론"을 정당화함으로써 사태를 악화시켰으리라고 본다. 그런 점에서 졸리티 정부와 아녤리의 개입은 정당하고 적절했다고 암시한다.[13]

여기서 관심은 그런 타협이 얼마나 타당했는지를 따져 묻는 것이 아니다. 오히려 주목할 점은 20세기 초 토리노라는 무대가 계급투쟁을 적나라하게 보여줄 뿐만 아니라, 거기서 한 발 더 나아가 **기업가의 계급투쟁**이 전개되는 과정을 선명하게 드러낸다는 사실이다. 우리는 계급투쟁이라고 하면 노동자들이나 노동조합 또는 혁명 정당의 계급투쟁만을 생각하곤 한다. 그러나 토리노에서 적어도 초기 산업의 역사는 노동계급처럼 자본가들도 하나의 계급으로, 독자적 정당처럼 행동하면서 사회 발전의 목표와 정치 전략을 수립하고, 스스로를 조직하며, 내부 노선 논쟁을 벌이고, 국가와 특정한 관계를 맺으면서 구체적인 전술을 통해 투쟁한다는 점을 잘 보여준다. 그렇듯 노동자 투쟁과 자본가 투쟁의 **평행성**은 계급투쟁의 이면을 떠올리게 해준다.

이런 시각에서 산업동맹이나 콘핀두스트리아는 비슷한 시기의 러시아 사회민주노동당과 같은 (단, 자본가들로 이루어진) 혁명 정당처럼 보인다. 좀더 상상력을 펼치면, 산업동맹의 의장 본퐁크라폰이나 콘핀두스트리아의 창립자이자 사무총장 올리베티Gino Olivetti는 흡사 레닌과 같은 (단, 부르주아) 혁명가들로 보인다. 심지어 아녤리의 피아트도 위기 상황에서 일개 기업이라고는 믿기 힘들 정도로 정치적 기민함과 사회적 영향력을 보여주었다는 점에서 일관된 강령과 전략전술을 가진 정당처럼 보인다. 이런 인상 비평이 과장되었을지 모르나, 새로운 것은 아니다. 이탈리아 정치학자 레벨리 **Marco Revelli**는 1970년대 피아트 경영진을 보면서 "사회의 총체적 조직화라는 혁신적 원칙"의 담지자라는 점에서 "레닌주의 모델의… 자본 정당"이라고 촌평한 바 있다.[14] 그 시기는 나중에 따로 살펴볼 테지만, 지금까지 본 20세기 초 토리노 사용자 단체들을 보면 맹아적인 형태로나마 레닌주의적 조직화와 실천의 사례를 엿볼 수 있다.

자본의 계급투쟁이라는 발상은 일찍이 프랑스의 마르크스주의 이론가 알튀세르Louis Althusser도 주목했다. 그는 "부르주아 계급투쟁"이라는 표현을 사용하면서 노동자들이 그런 방식의 계급투쟁을 포착하기 힘들다는 점을 부각한다. 흥미롭게도, 알튀세르는 피아트와 알파로메오Alfa Romeo 등의 이탈리아 자동차 기업들의 사례를 든다. 그에 따르면, 알파로메오의 의식화된 노동자는 자기 회사의 구조와 메커니즘은 잘 알지만 공장의 철책을 넘는 순간 다른 공장, 다른 산업에서 무슨 일이 일어나는지는 알기 어렵다. 즉 알파로메오의 가장 선진적인 노동자라 할지라도 세계적 차원에서 투자하고 공장의 자동화와 분산화를 추구하는 피아트의 전략을 파악하기는 어렵다는 것이다. 알튀세르는 "대중을 위한 자동차 생산"도 단순히 기술 진보나 생산성 향상이 아니라 노동계급과 적대를 설정하고 그에 대해 우위를 점하려는 정치적 성격의 부르주아 계급투쟁의 일환이라고 본다. 바꿔 말해, 자본은 항상 노동과의 대면 속에서 자신의 전략을 국지적이거나 세계적인 차원에서 수립하고 실행한다는 말이다. 예컨대 공장 주변에 노동자 주거 지구를 조성하는 전략은 이점이 컸지만, 노동자들을 집중시켜 의식화하고 전투적으로 만든다는 점에서 위험하기도 했다. 이에 기업가들은 전략을 수정하여 주거 지구를 분산했는데, 이 모든 것이 부르주아 계급투쟁의 과정으로 이해될 수 있다는 것이다. 알튀세르는 마키아벨리의 정치사상을 비판적으로 논평하면서 "**계급투쟁의 동력은 지배계급의 계급투쟁이라는 진실**"을 언급함으로써 재차 이와 똑같

은 문제의식을 드러낸다.[15]

　만일 알튀세르의 관점을 채택하면, 20세기 초 토리노의 사회 갈등은 노동자의 저항이라는 측면뿐만 아니라 기업가의 투쟁이라는 측면에서도 조명할 수 있다. 또한 기업가들의 투쟁은 노동자들의 파업 투쟁에 직접 대응하는 실천만을 가리키는 것이 아니라, 예컨대 아녤리가 추구한 대량생산과 대중소비, 또한 이를 위한 생산의 포드주의적 조직화 전체를 포함할 것이다. 아녤리가 노동조합의 대표성을 인정하고 부오치와 같은 노동조합 지도자들과의 협상을 선호한 것도 노동조합을 매개로 한 안정된 노사 관계의 바탕에서 절체절명의 과제인 노동 과정의 재조직화를 강력하게 추진하기 위함이었다. 이를 알튀세르식으로 말하면 부르주아 계급투쟁의 새로운 전략이라고 할 수 있으리라. 물론 그런 전략을 이해하지 못하거나 그에 반대하는 입장도 만만치 않았다. 실제로 임금 인상에 반대하거나 노동조합 대표성을 인정하지 않으려는 기업가들이 많았다. 이른바 "자본 정당" 내부의 그런 논쟁은 앞으로도 계속 이어질 터였다. 비록 세계대전 전야에 발생한 1913년 파업은 국가의 중재와 아녤리의 개입으로 일단 해결되었지만 말이다.

전쟁

1914년 여름 제1차 세계대전이 발발했을 때 이탈리아 정부는 중립을 지켰다. 그러나 이런 정부의 중립 노선은 이탈리아 국내에서 중립론과 참전론 사이의 격렬한 대립을 낳았다. 토리노에서는 8월 초에 전쟁 반대를 외치며 3만여 명이 모이기도 했다. 토리노의 유력한 일간지 『스탐파*La Stampa*』는 졸리티의 충실한 지지자답게 중립론을 대변했다. 이 신문의 편집장 프라사티Alfredo Frassati는 졸리티가 추구한 참정권 확대를 비롯하여 노동 조건을 향상시키고 기업가와 노동자 사이의 협력을 증진하는 산업 민주주의 정책을 옹호했다. 그는 니체포로Alfredo Niceforo와 니티Francesco Saverio Nitti, 롬브로소Cesare Lombroso, 모스카Gaetano Mosca, 에이나우디Luigi Einaudi 등 당대의 영향력 있는 지식인들을 『스탐파』 주위로 끌어들인 유능한 저널리스트이기도 했다.[16] 그 밖에도 중립론은 토리노 시장인 로시Teofilo Rossi와 독일 시장에서 프랑스 경쟁자들을 몰아내고 싶어 한 농업 생산 및 식품 생산 분야의 기업가들로부터 지지를 받았다. 반면, 참전론은 보수적 자유주의 성향의 일간지 『가체타 델 포폴로*Gazzetta del Popolo*』가 대변했고, 토리노 산업동맹 의장인 페라리스Dante Ferraris 등의 기업가들이 지지했다.

아녤리는 교전국 모두에게 제품을 판매할 수 있는 중립론을 선호했다. 머지않아 토리노의 전후 무대에서 이름을 널리 알리게 될 젊은 사회주의자 그람시는 사회당PSI 기관지 『전진!*Avanti!*』의 기사에서 아녤리가 초지일관 중립론을 견지했다고 논평했다. "왜냐하면 이탈리아 국가가 대포와 탄약, 자동차 공급에 대한 대가를 아무리 잘 지불해준다고 해도, 전쟁 중인 다른 국가들이 더 잘 지불해줄 터이니 말이다."[17] 이는 아녤리 특유의 현실주의를 입증하는 듯하지만, 실은 현실화되기 힘든 희망사항이었다. 왜냐하면 전쟁으로 인한 정치적 적대를 뚫고 원만한 거래 관계를 트기 어렵다는 점은 차치하고라도 국제무역과 운송의 곤란이나 원료 조달의 불확실성이 컸기 때문이다. 이렇게 보면, 현실주의자가 도리어 이상주의자로 보인다.

그러나 이탈리아 왕실은 이미 1915년 봄에 참전론으로 기울어졌고, 정부는 4월 26일 영국과 프랑스 편에서 참전을 약속하는 런던 조약을 비밀리에 체결했다. 이렇게 참전이 결정된 후에 참전론 시위가 절정에 달했다는 것은 역설적이다. 런던 조약은 그만큼 철저히 비밀에 부쳐져 있었다. 민족주의 시인으로 인기 있던 강경한 참전론자인 단눈치오Gabriele d'Annunzio가 5월 12일에 파리에서 로마로 도착했을 때 그를 맞이하려고 역에 10만 명―『코리에레 델라 세라*Corriere della*

Sera』의 기사에 따른 것인데, 액면 그대로 믿기는 어렵다―의 인파가 운집했다고 하니, 가히 참전론의 인기를 실감할 수 있다. 이처럼 참전을 지지하는 각종 집회와 시위가 들끓던 시기를 "빛나는 5월"이라고 부른다.[18] 이탈리아 정부는 5월 24일 공식적으로 참전을 선포했다.

이윽고 이탈리아 군수부 산하 산업동원국이 전쟁 수행을 보조하는 공장들을 지정했다. 토리노에서는 207개 공장이 지정되었고, 여기에 속한 노동자 수는 1916년 말경에 5만 8천 명가량이었다. 피아트도 자동차 생산을 군용 트럭을 비롯한 군수품 생산으로 전환하여 전시경제로부터 거대한 이윤을 뽑아냈다. 피아트는 비단 이탈리아 정부의 군수 발주에만 의존하지 않고 동맹국들로부터 다양한 발주를 얻어 군수품을 생산했다. 가령 1915년 말에는 모스크바 정부가 파견한 사절단이 6천 대의 군용 트럭 구매 협상을 위해 토리노 단테 대로Corso Dante의 피아트 공장을 시찰했고, 1916년 2월에는 프랑스 군사 대표단이 4,700대의 군용 차량을 검수하기 위해 피아트를 방문했다. 곧 3월에 피아트는 러시아 정부가 지정한 자동차 제작업체가 페트로그라드 외곽에 건설 중인 공장에서 군용 트럭을 생산하는 계약을 체결하기도 했다. 러시아의 1917년 2월 혁명 후에는 케렌스키Aleksandr Kerensky 정부가 이전 차르 정부의 군수 계약을 마무리하기 위해 사절단을 토리노로 파견했는데, 이탈리아 군수 차량 공급자 목록에는 토리노의 피아트와 란치아Lancia, 밀라노의 알파로메오 등이 이름을 올렸다.[19] 필시 전쟁은 피아트의 도약대였고, 그런 고속 성장으로 토리노에서는 피아트의 자동차 생산이 절대적 우위를 차지했다. 농업의 비유를 들자면 토리노는 일종의 **단종경작**monoculture 지역이 된 셈이다. "전쟁이 끝나는 시점에 피아트는 자본을 일곱 배 불리고 차량 생산을 네 배 증대하며 토리노를 산업적 단종경작 지역으로 변형시킬 토대를 구축하면서 이탈리아의 재계 순위 13위에서 3위로 올라섰다."[20]

전시경제는 노동력이 많이 필요했고, 일사불란한 노동 규율을 요구했다. 공장에서 제복을 입은 장교들과 하사관들이 삼엄하게 감시하는 가운데 노동자들은 장시간의 노동에 시달렸다. 전시에 주당 노동 시간은 65시간 아래로 내려간 적이 없고 때때로 80~90시간에 육박했다고 한다. 결근과 규율 위반 행위에는 상당한 벌금이 물리고 심지어는 징역형이 부과되었다. 확실히, 임금은 다소간 상승했으나 인플레로 실질 소득은 오히려 줄었고, 빵을 비롯한 생필품 가격의 급등으로 생활은 곤궁해졌다. 그런 가운데 노동력 수요가 급증하면서 여성과 청소년, 노인, 이민자 등이 대거 생산에 투입되었다. 이민자들은 인근 피에몬테 외에 더 먼 지역들과 심지어 리비아에서도 충원되었다. 신참 노동자들은 예전에 한 번도 공장에서 일한 경험이 없는 경우가 대부분이었으므로, 전시의 엄격한 노동 규율은 이들 사이에 점증하는 불만과 저항을

낳았다.[21]

마침내 억눌린 것이 터졌다. 1917년 8월 21일 빵집들이 곡물 공급 부족으로 일시적으로 문을 닫자 불만이 폭발했다. 다음 날 토리노의 일부 공장 노동자들이 점심 식사를 한 후 조업에 복귀하지 않았다. 여기에 2천여 명의 철도공장 노동자들을 비롯해 더 많은 노동자들이 합세하면서 갑자기 규모가 커져 오후 4시경이 되면 도시의 거의 모든 공장들이 조업을 중단하기에 이르렀다. 여기에 각자의 불만을 터뜨리는 시민들의 집회와 시위가 더해져 항의는 도시 전체로 퍼져나가기 시작했다. 다음 날 군대와 헌병경찰대Carabinieri가 투입되어 도시 요충지들을 장악하고 공장 지구들을 포위하기 시작하면서 충돌이 일어났다. 노동자들은 바리케이드를 쌓고 일부는 총기류와 수류탄으로 무장했다. 8월 24일 군대가 폭동의 발화점인 노동자 구역 두 곳, 즉 보르고 산 파올로Borgo San Paolo와 바리에라 디 밀라노Barriera di Milano를 갈라쳐서 봉쇄하자, 이를 뚫기 위한 노동자들의 저항도 거세졌다. 폰테 모스카Ponte Mosca는 가장 유혈이 낭자한 전투가 벌어진 장소였다. 장갑차와 기관총으로 무장한 군대 앞에서 폭동은 오래가지 못했다. 오후 7시경이 되자 질서는 대체로 회복되었다. 21명의 노동자와 세 명의 병사가 사망하고 1,500여 명이 체포되었다. 부상자들은 병원에 호송되지 않아 정확한 수를 알 수 없다.[22]

1917년 8월 폭동은 전쟁이 생산성뿐만 아니라 노동의 전투성도 증대시켰음을 말해준다. 폭동으로 일시적이나마 도시는 전쟁터가 되었다. 그러나 폭동은 즉흥적이고 돌발적이었다. 목표도, 지도자도 없었다. 당국은 폭동이 절반은 자생적으로, 절반은 전쟁 반대를 위한 정치적 선동으로 발생했다고 믿었지만, 카스트로노보에 따르면, 그것은 기본적으로 "자연발화"였다. 피아트의 젊은 노동자 몬타냐나Mario Montagnana는 당시를 이렇게 회고했다. "어느 누구도, 개량주의자들도, (물론 나를 포함한) 혁명가들도 무엇을 해야 할지, 대중에게 어떤 명령을 내려야 할지 몰랐다." 그러나 이 자연발생적인 폭동은 금방 진압되기는 했지만 토리노에서 "동원되고 봉기할 채비가 되어 있는 '구역들barriere' 안에 집중된 전투적 프롤레타리아트"가 형성되고 있음을, 그리하여 토리노가 전후의 격렬한 노사 갈등의 무대가 될 것임을 불길하게 예고했다.[23]

러시아처럼 하자

전쟁이 산업에 호황을 불러왔다면, 전후는 어려운 시절이었다. 이탈리아는 650만 명의 젊은이들을 잃었고, 수많은 부상병들이 귀향했으며, 제대병들은 일자리를 찾을 수 없었다. 전시 수요의 소멸로 생산 활동은 위축되었고, 기업들은 평시 체제에 어렵사리 적응해야 했다. 여전히 물가는 치솟고 생활은 어려웠다. 이에 민심이 동요하고 혁명적 선동이 증대했다. 특히 혁명 러시아와 다른 국가들의 상황이 이탈리아의 전투적 노동자들과 혁명가들을 자극했다. 토리노의 상황도 다르지 않았다. 무엇보다 평시 체제로 전환하던 피아트 등 많은 기업들이 노동자들을 대규모로 해고하면서 공장 내 긴장이 고조되었다. 이런 분위기에서 토리노의 좌파 세력이 급속히 부상했다. 살해된 혁명 지도자 룩셈부르크Rosa Luxemburg를 추모하는 총파업이 1919년 6월 토리노에서 일어났는데, 약 2만 명의 행렬이 경찰과 충돌했다. 또한 토리노는 11월 선거에서 좌파가 62.8퍼센트의 득표율을 얻으며 정치적으로 크게 약진한 대표적인 도시이기도 했다.[24] 그리하여 토리노는 전후 이탈리아의 격렬한 계급투쟁의 시기, 이른바 '붉은 2년'(1919~20)의 진앙지가 되었다. 비록 파업 건수는 밀라노나 제노바보다 적었지만 파업 참가자 수나 노동 손실일수가 많았다는 점을 고려하면, 토리노의 노동 저항은 다른 도시들보다 더 격렬하고 완강했다고 할 수 있다.[25]

특히 토리노는 젊은 혁명적 대학생들과 지식인들이 노동자들과 결합하여 전개한 공장평의회 운동의 극적인 무대였다. 그람시와 톨리아티Palmiro Togliatti, 타스카Angelo Tasca, 테라치니Umberto Terracini 등이 모여 창간한 주간지 『신질서 *L'Ordine Nuovo*』를 중심으로 한 그룹은 토리노 공장평의회 운동의 구심체였다. 그람시는 러시아의 소비에트에 해당하는 이탈리아의 공장평의회와 같은 새로운 노동자 조직들이 "관리 기능에서나 산업 권력에서 자본가의 인격"을 대체해야 한다고 역설했다. 이 이탈리아의 소비에트는 노동자들 스스로가 공장 기계를 돌리며 생산을 주도하는 미래 노동자 권력의 맹아로 간주되었다. 공장평의회에서 통용되던 구호인 "러시아처럼 하자Fare come in Russia"는 당시 토리노 노동자들과 혁명가들의 지배적인 정서를 집약적으로 대변하고 있다.[26] 아넬리의 피아트가 내건 "포드처럼 하자"와 정확히 대극을 이루는 구호가 아닐 수 없다.

그람시가 주도한 신질서 그룹은 1920년 4월 총파업의 패배에도 불구하고 토리노 노동자들의 힘은 소진되지 않았다고 확신하면서 공장평의회 노선을 앞세워 전국적 노동자 조직인 노동총동맹(이하 CGL)과 사회당의 개량주의 노선을

L'ORDINE NUOVO

Rassegna settimanale di cultura socialista

Istruitevi, perchè avremo bisogno
di tutta la nostra intelligenza

Agitatevi, perchè avremo bisogno
di tutto il nostro entusiasmo

Organizzatevi, perchè avremo bisogno
di tutta la nostra forza

Segretario di redazione:

ANTONIO GRAMSCI

1° MAGGIO 1919

Un numero: Cent. 20

Redazione e Amministr.: Via XX Settembre, 19 - TORINO

Abbonamenti: Annuale L. 10; Semestrale L. 5;
trimestrale L. 3; Abbonamento straordinario dal maggio
a tutto dicembre 1919 L. 6.

Abbonamento sostenitore la L. 20, annuale; L. 10, semestrale

ANNO I. - N. 1.

Conto corrente con la Posta

Occorre alla propaganda parolaia, che ripete stancamente, con sfiducia mai celata dalla sonorità e dall'audacia tutta esteriore delle frasi, sostituire la propaganda del programma socialista, di quel complesso cioè di soluzioni ai grandi problemi sociali che solo possono conciliarsi e vivificarsi in un tutto armonico e compatto nell'ideologia socialista. Vogliamo che in tutta la propaganda socialista cioè si faccia seguire sempre la critica della società capitalistica, del falso ordine borghese coll'ordine nuovo comunistico.

fecondare l'opera fattiva della ricostruzione sono oggi i soli e veri « pratici ».

I soli e veri « pratici », se pratica è unità e adeguatezza del fine coi mezzi: se è vero che gli ideali sono i mezzi più potenti di trasformazione sociale. Ai socialisti poi il dovere che questo magnifico slancio non si perda in vano logomachie, e giunga, rapido, consapevole, col minor numero possibile di vittime, alla meta.

Bisuonano nell'animo nostro, monito e incitamento, le parole d'un socialista russo, Myek

중단 없이 비판했다. 그런 가운데 9월 1일 밀라노의 한 공장이 폐쇄된 것을 계기로 노동자들의 공장 점거가 시작되자, 이는 동시다발적으로 주요 도시들로도 확산되었다. 신질서 그룹이 즉각 공장 점거를 주도했고, 토리노는 이탈리아에서 가장 강력한 공장 점거 운동이 벌어진 중심지가 되었다. 이것이 바로 이탈리아 기업가들에게 러시아의 '붉은 10월'을 떠올리게 한 토리노의 '붉은 9월'이었다. 당시 산업동맹 의장 데베네데티Emilio De Benedetti는 "혁명"이 시작되었고, 공장 점거는 극좌파의 "권력 장악"의 서막이라고 말했다고 한다.[27] 그러나 이런 지배계층의 '대공포'에도 불구하고, 처음에 결연하게 시작된 공장 점거는 점차 시간이 흐르면서 피로감에 지친 노동자들이 이탈하고 공장 생산을 지속하는 데 필요한 재고품이 바닥나면서 급속히 약화되기 시작했다. "다시 한번, 토리노에서 운동은 여전히 거대하고도 흡인력이 있었다. 여기서 15만 명이 동원되었고, '적위대'가 공장에서 규율을 유지할 책임을 부여받았으며, 공장평의회가 생산을 진전시키려고 노력했다. 그러나 그 해 봄과 마찬가지로 전국적 차원에서 노동운동과 사회당의 내부 분열로 말미암아 토리노의 혁명적 전위는 고립되고 말았다. 정부의 압력으로 기업가들도 몇 가지 상징적인 양보 조치를 취했고, 결국 9월 말 파업자들은 공장을 포기하기 시작했다."[28]

　'붉은 9월'은 혁명이었을까? (아벨리를 포함한) 많은 기업가들은 다가오는 '혁명'에 대해 극심한 공포를 느꼈을지 모르지만, 위기를 수습하기 위해 구원투수로 나섰던 졸리티는 일관되게 비개입 노선을 견지했다. 아마도 그는 시간이 해결해주리라고, 그리고 약간의 양보 조치를 더하여 운동을 누그러뜨릴 수 있다고 낙관한 듯하다. 졸리티에게 정부의 물리적 개입은 오히려 도화선에 불을 붙이는 꼴이었다. 결국 졸리티가 옳았다. 한편, 노동운동과 좌파 내부에서는 분열이 극심했다. 사회당의 최대강령파와 이에 동조하는 서기장 젠나리Egidio Gennari는 당시 정세가 혁명적이라고 판단하고 당과 노동조합 모두 노동자 투쟁을 한 차원 높은 정치투쟁으로 발전시켜야 한다고 주장했다. 그러나 개량주의 성향의 CGL의 총서기인 다라고나Ludovico D'Aragona에 따르면, 중요한 것은 생산의 문제를 해결하기 위해 간단없이 집단 관리와 사회화의 길로 나아가는 데 필요한 "노동자 통제권"이었다. 노동자 통제권은 자본가를 배제한 혁명적 자주관리를 연상시키기 때문에 언뜻 급진적인 입장처럼 보이지만, 실은 노동조합 통제권으로서 노동자의 권익 보호 차원에서 공장 내 문제들에 제한적으로 개입하는 것이었다. 이 양극단의 입장 사이에서 부오치가 이끈 FIOM은 절충적이고 모호한 입장을 표명했다. 결국 CGL에서 토리노의 금속노동자 대표들이 반대표를 던졌음에도 다라고나의 입장이 가결되었다. 카스트로노보의 너무나도 정확한 논평을 빌리자면, "혁명이 투표에 부쳐지고

기각되었다."[29]

　이보다 더욱 흥미로운 것은 당시 토리노 혁명운동의 전위였던 그람시 자신의 사후 평가이다. 이 평가는 세간에 잘 알려져 있지 않은데, 역사학자 베르타Giuseppe Berta가 부각한 바 있다. 그람시는 친구에게 보낸 1924년의 편지에서 자신이 주도한 공장평의회의 기관지『신질서』를 몇 년 후 다시 읽으면서 당시 혁명이 일어나지 않은 것이 도리어 다행으로 보인다고 썼다. 만일 혁명이 발발했다면 "대체로 모든 것을 장밋빛으로 보며 희생보다는 노래와 팡파르를 더 좋아하는 노동계급"에 대항하여 즉각 반혁명이 일어났으리라는 것이다. 심지어 그람시는 당시 등장한 파시즘이 역설적이게도 "우리의 민중"을 단련시켜 "좀더 강건한 기질과 더욱 건전한 도덕성, 악에 대한 저항성"을 증강시켜줄 것이라고 말하기도 했다. 베르타에 따르면, 우리는 이 편지에서 '붉은 9월'의 그람시와 "다른 그람시"를 만난다. 이 "다른 그람시"는 당시 피아트 공장에 공장평의회 운동의 선두에 있던 노동자들의 세계뿐만 아니라, 그것보다 더 광범위했던 다른 노동자들의 세계도 있었다는 교훈을 준다. 공장에는 "두 개의 분리된 세계"가 존재했던 것이다.[30]

　'붉은 9월' 당시에 잊을 수 없는 일화가 있다. 파업자들이 지쳐가던 9월 18일에 아벨리가 피아트를 협동조합으로 바꾸겠다는 파격적인 제안을 내놓았다. 그는 한 신문과의 인터뷰에서 자신의 제안을 간단히 설명했다. "기본적으로 나는 피아트를 그들에게 파는 것입니다. 그들이 피아트를 얻는 유일한 방식은 협동조합입니다. 그것이 어떻게 가능한지 연구하는 것은 다른 사람들의 몫입니다." 아넬리의 제안은 노동운동과 좌파 진영에 당혹감을 안겨주었다. 그들에게 제안은 비현실적으로 보였다. 정확히 말하자면, 피아트라는 거대 기업을 인수할 자신이 없었을 것이다. 누구도 제안이 실현되리라고 생각하지 않았다.

그렇다면 아넬리는 왜 그런 제안을 했을까? 그는 "2만 5천 명의 적들과 함께" 피아트를 경영할 수 없다고 못 박았다. 그는 노동자들이 공장을 점거한 당시 상황에서 피아트를 구하는 일은 "자본주의 체제로" 가능하지 않다고 주장했다. 바꿔 말해, "자본주의 체제"로 피아트를 경영한다면 노동자들과 좌파 세력이 받아들이지 않을 테니 회사를 구할 수 없으리라는 말이었다. 그리고 아넬리 자신은 자본주의 이외의 대안, 예컨대 협동조합의 통제는 받아들일 수 없으니 회사 경영에서 손을 떼겠노라는 것이었다. 아넬리의 요점은 자신의 권위에 대한 그 어떤 제한도 받아들일 수 없고, 그런 제한을 받아들여야만 한다면 자신은 피아트를 포기할 수밖에 없다는 것이었다. 정말이지 아넬리는 피아트를 포기할 뜻이 있었을까? 정확히 알 수는 없다. 베르타를 비롯한 많은 역사가들은 이 제안이 실제로는 회사를 포기할 마음이 없으면서 그저 여론을 떠보기 위해 애드벌룬을 띄워본 것이었다고 추정한다. 그런데 아녤리의 손자로서 가족 기업 피아트의 3세대 경영을 이어갈 잔니 아녤리Gianni Agnelli는 회고하기를, 할아버지가 벨기에로 옮겨 사업할 구상을 실제로 갖고 있었다고 한다. 오늘날 노동 문제에 대한 해결책이나 노동자들과의 협상 카드로 이용되는 자본의 해외 이전이 이미 1920년 아녤리의 머릿속에도 맴돌고 있었던 것이다.

위의 일화에서 자본주의에 대한 아녤리의 흥미로운 정의가 엿보인다. 그에게 자본주의란 확고한 소유권에 기초한 질서와 권위의 체제였다. 질서와 권위, 소유권 중 하나라도 빠지거나 흔들리면, 그것은 자본주의가 아니었다. 이 삼위일체는 노동자와 주주 (그리고 일반 시민) 모두가 무조건적으로 받아들여야 했다. 10월 3일 아녤리는 피아트 대표이사직에서 사임한다는 의사를 밝혀 다시 파문을 일으켰다. 예상대로 10월 28일 주주총회에서 사임안은 부결되었다. 총회에서 아녤리는 회사가 오직 "권위와 질서의 원칙"을 통해서만 발전할 수 있음을 강조하면서 화려하게 복귀했다. 그렇다면 아녤리의 복귀는 곧 자본주의의 완벽한 승리를 상징한다고 말할 수도 있다. 10월 30일 자의 한 기사가 전하는 아녤리 모친의 장례식 광경은 아녤리가 노동의 저항을 뚫고 자신의 권위를 완전히 회복했음을 보여준다. 장례식 당일 모든 피아트 공장들이 조업을 중단했고, 노동자와 직원 대표들이 아녤리에게 이렇게 외쳤다. "우리들에게 돌아오십시오."[31] 이 말은 당시 피아트가 획득하고 있던 헤게모니의 간결한 표현이기도 하다. 그러나 **헤게모니**는 오래가지는 못할 것이어서 파시즘의 대두 이후 노동에 대한 자본의 지배는 헤게모니 없는 **지배**로 바뀔 것이었다.

링고토

아넬리는 이미 이탈리아의 참전 직후인 1915년 6월부터 완전한 미국적 개념에 기초한 공장의 연속 생산을 통해 비용을 절감하고 자동차의 대량생산을 가능하게 하는 새로운 공장 건립을 구상하고 있었다. 그러나 피아트의 일부 이사들과 주주들은 그런 대규모의 공장 건립이 회사를 내리누를 엄청난 재정 부담과, 하나의 집중된 공간에 노동자들을 모으는 사회적 위험을 눈치 채고 있었다. 그러나 아넬리는 단테 대로의 공장들에서 약간 떨어진 토리노 교외의 링고토Lingotto에 거대한 부지를 사들이고 여기에 공장을 짓기 위한 설비들을 구입할 채비를 갖춰나가고 있었다. 그는 엔지니어들과 건축가들로 하여금 포드가 건설한 디트로이트의 하이랜드파크 공장을 철저히 연구하게 하여 이를 본으로 삼아 새로운 공장을 짓고자 했다. 실제로 피아트 기술자들은 자신감에 넘쳐 미국이 이탈리아의 모델이라기보다 새로 지을 공장이 오히려 그 거대함과 이탈리아식 대담함 때문에 미국에게 본보기가 되리라고 큰소리를 쳤다. 그러나 중요한 것은 링고토가 하이랜드파크 공장에 적용된 것과 정확히 똑같이 노동 조직의 원칙과 공장 구조를 유기적으로 통합하여 연속 생산의 공정과 리듬을 완벽하게 구현하려고 했다는 것이다. 그런 점에서 링고토는 이탈리아뿐만 아니라 유럽에 구현된 "가장 미국적인 양식의 공장"이 될 것이었다.[32]

새로운 공장은 기업가들이 수행하는 계급투쟁의 다른 차원을 보여준다. 즉 링고토는 노동자들의 파업 투쟁에 대한 자본의 직접 대응 이전에 원천적으로 노동의 조직화를 통해 노동 과정에서 수행하는 자본의 계급투쟁을 상징한다. 영국 지리학자 하비David Harvey는 노동 투쟁에 대한 자본의 직접 대응은 언급하지 않았지만, 노동 조직을 통한 자본의 계급투쟁에 대해 다음과 같이 날카롭게 꿰뚫어보았다. "계급투쟁에 관해 생각할 때, 우리는 너무 자주 자본의 착취에 대항하여 투쟁하는 노동자의 모습을 상상한다. 그러나 노동 과정 내에서(다른 곳에서도 마찬가지로) 투쟁의 방향은 그 반대다. 노동이 잠재적으로 매우 강력한 바로 그 순간에 노동을 순종적으로 만들기 위해 전력을 다해 노력해야 하는 쪽은 바로 자본이다. 자본은 작업장, 농장, 사무실, 회사에서 사회적 관계의 조직이라는 전술을 통해 직접적으로, 그리고 교통과 통신 네트워크를 통해 간접적으로 이를 수행한다. 자본이 생산되기 위해서는 이러한 사회적 관계들이 협력적이고 협조적인 방식으로 이루어져야만 한다."[33]

마침내 1923년 5월 22일 링고토가 피아트의 새로운 주력 공장으로서 공식 개장식을 가졌다. 이미 1921년부터 부분적으로 조업을 시작했지만, 완공을 기념하여 국왕 비토리오 에마누엘레 3세Vittorio Emanuele III까지 초대하며 성대한 기념식을 거행한 것이었다. 링고토는 2만 8,700평방미터의 면적에 올린 5층짜리 건물이었다. 주목할 점은 기존 공장들이 주로 기계 유형에 따라 공장의 각 부분이 배치되었다면, 새로운 공장은 철저히 공정의 순서와 흐름에 따라 배치되었다는 사실이다. 링고토는 1층에서 공정이 시작되어 2층, 3층으로 이어지면서 최종 완성차가 건물 지붕에 마련된 시험주행로에서 테스트를 마치고 다시 지상으로 내려오게끔 설계되었다. 당대인들에게 가장 놀랍게 보인 것이 바로 옥상의 시험주행로였다. 그것은 지금 사진으로 봐도 놀라운데, 시험주행로 건설 당시에 노동자들과 감독관들이 작업하는 사진을 보면 숫제 경외감이 느껴질 정도이다. 그러니 당시 링고토를 방문한 사람들의 눈에 그것이 얼마나 굉장해 보였을 것인가! 예컨대 도시계획가이자 건축가 르코르뷔지에Le Corbusier의 경우도, 그 자신의 '옥상 정원' 개념과 '옥상 주행로'가 어떤 관계가 있는지는 모르지만, 이 새로운 건축물을 보고 현대 건축과 도시공학의 기념비적 증거, 즉 "사료"와 같다고 하여 찬사를 아끼지 않았다.

그러나 진짜 중요한 것은 링고토의 '옥상'이 아니라 '바닥'이었다. 압도적인 건물과 옥상의 시험주행로를 질주하는 자동차들, 그 배경이 되는 숨이 멎을 듯한 알프스의 장관에만

'새로운 공장' 링고토 옥상의 시험주행로 건설 현장
(피아트 문서고 Archivio Storico Fiat)

눈을 빼앗기지 않은 예민한 관찰자들이 많았다. 그들은 특히 새로운 건축물이 그 안에서 일하는 노동자들의 심리와 정신 상태에 미치는 영향에 주목했다. 그런 관심에 집중한 방문자들은 링고토가 구현한 내적 원리와 그것이 노동자들과 맺는 관계를 더욱 놀라운 시선으로 관찰했다. 예컨대 나폴리 출신의 예술비평가인 페르시코Edoardo Persico는 링고토 공장이 보여주는 형태의 명료함과 단순성이 완벽하게 "질서의 원리"를 구현한다고 보았다. 그런 원리 아래에서 노동자들은 묵묵히 출근하고 노동한다. 1917~20년에 광장에서 분노하고 봉기한 노동자들이 이제는 공장의 침묵 속에 유폐되어 있다. "각각의 것은 이미 질서 잡혀 있고, 아무것도 변경될 수 없으며, 인간의 의지가 아니라 무엇보다 법칙에 종속된 지혜에 의해 표현된 질서에 복종한다."[34]

링고토 관람기 중 단연 인상적인 것은 고베티의 것이다. 약관의 비타협적인 반파시스트 자유주의자였던 고베티는 시멘트와 유리와 철근의 링고토를 "세련되고 청결한 그랜드호텔"에 비유했다. 그러나 그를 진정으로 매혹시킨 것은 링고토의 '외관'이 아니라 '내면'이었다. 고베티와 '그의' 도시 토리노를 연구한 컬런Niamh Cullen에 따르면, 고베티는 공장 자체가 아니라 공장 안에서 이루어진 작업이, 나아가 그런 작업으로 이루어진 실제 삶의 경험이 다른 어떤 정치 이데올로기들보다 더 효과적이고 실질적으로 정치적·도덕적 변화를 몰고

링고토 공장 전경(1928)

오는 사실에 주목했다. 그리하여 고베티에게 토리노는 정치 수도와 산업 수도를 넘어, 오래전부터 토리노의 지식인들이 그토록 갈망했던 "이탈리아의 도덕적 수도"라는 새로운 풍모를 지니게 된 것이다.[35] "침묵과 정확성, 지속적 출근. 이러한 삶의 리듬에 새로운 심리가 단련된다. 인내와 상호의존의 감각이 엄정한 근간이 되고 있다. 억제된 고통이 분노와 더불어 투쟁의 덕성과 정치적 방어 본능을 길러낸다… 그 아래에서 **노동의 윤리**와 **생산자들의 문명**이 준비되고 있다."[36]

링고토는 공장의 이념형이었다. 이념형의 공장은 『신질서』 주위에 모인 토리노의 젊은 사회주의자들이 추구한 "사회주의 문화"의 모델이기도 했다. 그들은 공장으로 대표되는 근대 산업 문명과의 관계 속에서 노동자들의 새로운 문화가 형성되리라고 생각했다. 특히 타스카는 하나의 문화는 "정보들의 저장소"가 아니라 "삶과 그 속에서 우리들이 차지하는 위치, 우리들과 타인들의 관계를 이해하는" 능력에서 나온다고 보았다. "자기 자신과 다른 모든 것에 대한 인식을 획득하는 사람만이, 나아가 다른 모든 존재와의 내재적 관계, 즉 그들로부터 자신을 구별해주는 동시에 연결해주는 것을 느끼는 사람만이 문화를 갖는다." 그람시도 타스카보다 먼저 그런 인식에 도달했다. "자기 자신을 인식한다는 것은 곧 자기 자신이 된다는 것을 뜻한다. 그것은 자기 자신의 주인이 되는 것, 구별되는 것, 혼돈으로부터 벗어나 질서의 요소가 되는 것, 물론 하나의 이상에 입각한 자신의 **질서**와 자신의 **규율**이 되는 것을 뜻한다. 그리고 이는 타인들을, 그들의 역사를, 그들이 그들 자신이 되기 위해, 또 그들이 창출했고 우리가 대체하려는 바로 그 **문명**을 만들어내기 위해 기울였던 일련의 노력을 인식할 수 없다면 결코 획득할 수 없다."[37]

타스카나 그람시와 같은 젊은 사회주의자들에게 '신질서'는 그저 구질서에 대한 단순 부정 또는 반명제가 아니었다. 오히려 구질서를 계승하고 비판하며 전유하는 과정에서 '신질서'는 형성되는 것이었다. 그리고 이 과정을 통해 '그들'의 문명은 '우리'의 일부가 될 것이었고 말이다. 이 젊은 혁명가들이 '그들'의 문명을 인식하고 '그들'과 '우리'의 관계를 이해하는 것을 대안적 문화의 형성에서 본질적 요소로 간주한 것도 그런 까닭에서다. 바꿔 말해, 대안적 문화는 원점에서, 백지상태에서 시작되는 것이 아니라 '그들'이 오랜 세월에 걸쳐 거대한 노력을 기울여 쌓아놓은 두터운 문명의 바탕 위에서만 만들어지는 것임을 이 젊은 사회주의자들은 잘 알고 있었다.

그들에게는 링고토야말로 '그들'이 쌓아놓은 근대 산업 문명의 정수였다. 이 문명을 장악해야만 대안적 문화가 탄생할 수 있을 터였다. 그러므로 새로운 사회주의 문화를 추구했던 혁명가들에게 링고토라는 또 다른 혁명적 공장은 반드시 등정하여 정복해야 할 봉우리와 같았다. 즉 링고토는 '그들'이 이룩한 문명에 우뚝 솟아 있는 산으로서, 그 정상에 도달하여 세상을 굽어보고 자기 자신을 돌아볼 수 있을 때 비로소 '신질서'가 가능하리라고 혁명가들은 믿었던 것이다. 오늘날 링고토는 더 이상 공장이 아니다. 콘서트홀과 극장, 컨벤션센터, 쇼핑몰, 호텔 등이 들어선 대형 복합 공간으로 재탄생하여 또 다른 문명을 대표하고 있다. 그람시와 고베티가 살아 있다면 현재의 링고토 역시 대안적 문화를 만들기 위해 반드시 이해해야 할 텍스트가 될 것이다.

2장
멜랑콜리여 안녕

두 개의 파시즘

그람시는 파시즘이 막 등장하던 무렵에 그 내적 분열을 지적한 얼마 되지 않는 관찰자 중 하나였다. 그에 따르면, 두 개의 파시즘이 있었다. 하나는 도시 소부르주아지에 기초한 "의회주의적이고 협력주의적인" 유형의 파시즘이었고, 다른 하나는 농촌 지주층에 바탕을 둔 "반노동조합적이고 반동적이며 국가의 권위와 의회주의의 효과보다는 직접 무장 행동을 더 신뢰하는" 종류의 파시즘이었다. 특히 이 두번째 파시즘은 에밀리아와 토스카나, 베네토, 움브리아의 농촌 지역에서 발호하여 사회주의 노동조합을 분쇄함으로써 재정 지원을 해준 자본가들의 이익에 충실히 봉사했지만, 지나치게 폭력을 행사함으로써 중간계급과 민중들 사이에 적대감을 야기하기도 했다. 농촌 파시즘의 그런 과격한 비타협성은 무솔리니로 대표되는 도시 파시즘을 동요하게 하고 긴장시켰다. 이렇듯 두 파시즘의 대립은 파시즘의 항구적 위기의 원인이었다.[1]

그러나 또 다른 의미에서 두 개의 파시즘을 말할 수도 있다. 하나는 무솔리니의 정치적 고향이라 할 수 있는 밀라노의 파시즘이었고, 다른 하나는 밀라노와 강도와 색깔 등이 전혀 다른 토리노의 파시즘이었다. 밀라노에서는 1919년 3월

23일 파시스트당의 전신인 이탈리아전투파쇼Fasci italiani di combattimento가 탄생했는데, 이로써 밀라노는 파시즘의 고향이 되었다. 반면, 토리노는 파시즘의 대두 과정에서부터 주변부로 밀려나 있었다. 토리노에서 파시즘이 별다른 존재감을 보이지 못한 까닭은, 아마도 1920년 9월에 정점을 찍은 노동운동과 좌익의 도전을 파시즘의 주먹을 빌리지 않고 제압한 토리노 기업가들의 성공에서 찾을 수 있을 것이다. 토리노 기업가들은 "1920년 이후 문 앞의 공산주의 혁명의 위험을 퇴치한 다음, 극단적 우파를 동원하기보다는 자신의 전문화된 노동력과 좋은 관계를 안정적으로 확립하는 데 더 관심이 있었다."[2]

토리노와 밀라노의 대비는 두 도시의 두 자동차 기업을 비교해 봐도 확연하다. 즉 토리노의 피아트와 밀라노의 알파로메오가 그것이다. 피아트는 일관된 포드주의 노선에 따라 대중을 위한 자동차 생산을 주력 과제로 삼았다. 피아트의 시선은 항상 대서양 너머 미국을 향해 있었다. 반면, 알파로메오는 고성능의 레이싱카 생산에서 독보적인 위치를 차지하고 있었다. 나중에 포드조차도 이렇게 말할 정도였다. "나는 알파로메오가 지나가면 모자를 벗는다."[3] 제2차 세계대전 당시에도 미군 장교들이 알파로메오를 보고 매료되었다는 기록도 많다. 그만큼 알파로메오는 완성도 높은 소량의 자동차를 수공업 방식으로 제작하는 전통에 근거를 두었다. 알파로메오의 엔지니어들과 노동자들의 자신감 넘치는 이른바 "알파주의Alfista" 이념도 그런 기술적 우월성에서 나왔다.[4] 무솔리니와 파시스트들은 항상 알파로메오의 "라틴적" 생산 방식이 (피아트가 근거하는) "이국적"(미국적) 생산 방식에 비해 절대적 우월성을 갖고 있다고 추켜세우곤 했다.[5]

이런 상징적인 차이뿐만 아니라 현실적인 조직력과 인기 면에서도 토리노 파시즘은 밀라노 파시즘에 못 미쳤다. 확실히, 밀라노에 비해 토리노에서 파시즘은 환대받지 못했다. 토리노에서도 1919년 봄 아나키스트 전력이 있는 인쇄공 출신의 조다Mario Gioda가 중심이 되어 파쇼를 결성했지만, 회원은 100명도 채 안 되었다. 토리노 파시즘이 그나마 존재감을 드러내기 시작한 것은 1921년 봄 노동회의소를 공격하고, 친군주제주의자이자 토리노 귀족 사회에 연줄이 상당했던 데베키Cesare Maria De Vecchi가 주도적인 역할을 담당하면서부터였다. 역사학자 족토Gian Carlo Jocteau에 따르면, 조다로 대표되는 토리노 파시즘의 '좌익' 포퓰리즘 분파는 "비참한 상태"를 면치 못했고[7], 데베키로 상징되는 민족주의 분파 및 사보이아 왕당파는 상대적으로 "우세한 영향력"을 보였다.[6] 그러나 데베키는 지방 무대보다 전국 무대를 선호하여 토리노 파쇼는 뒷전이었다. 1922년 10월 로마 진군—데베키는 로마 진군 4인방에 속했다—과 파시즘의 집권 전야에 토리노 파쇼의 가입자는 도시 전체 인구 50만 명 중 580명에 불과했다.[7]

토리노 파시스트들은 자신들의 왜소함을 의식하면서 존재감을 과시할 폭력적인 행동 계획을 세워 1922년 12월 실행에 옮겼다. 파시스트 검은 셔츠들이 노동자 구역들에 산개하여 노동조합과 노동회의소, 노동자 서클을 약탈하고 좌파 및 노동조합 활동가들을 지목하여 끔찍한 테러 공격을 감행했다. 이 공격으로 15명이 죽고 30여 명이 중상을 입은 것으로 알려져 있다. 이 테러는 당시 무솔리니가 연립 정부를 꾸리면서 내세운 "질서의 인간"이라는 이미지와 정면으로 충돌했다. 또한 이는 파시즘과 동맹한 보수주의자들에게도 경종을 울렸고 파시스트들 내부에서도 의견 대립을 낳았다. 이에 무솔리니는 토리노 파쇼를 해산하고 데베키로 하여금 점차 토리노에서 손을 떼게 하여 지방의 지도 집단 자체를 교체했다. 나중에 데베키는 소말리아 총독으로 토리노에서 멀리 영전 ─실상은 유배─을 했다. 요컨대 올리바Gianni Oliva에 따르면, "토리노 학살" 이후 토리노 파시즘은 "파벌 간 경쟁과 잦은 간부 교체로 타격을 받아 불안정한 상태"를 면치 못했다.[8] 한 가지만 더 지적하자. 지방 파시즘의 그런 일탈은 무솔리니에게 분명 정치적 부담이었지만, 동시에 무솔리니만이 그런 파시즘의 일탈을 통제할 수 있다는 인상을 주기도 했다. 뜻밖에도 토리노의 비극이 무솔리니의 개인 권력을 강화하는 데 기여한 셈이다.

비록 파시즘 집권 '20년ventennio' 동안 토리노가 파시즘의 역사에서 주변부에 위치했지만, 이 피에몬테의 주도는 그 산업의 중요성 때문에 중앙과 지방의 파시스트들에게 지속적인 관심과 도전의 대상이 되었다. 토리노가 얼마나 탐나는 도시였는지는 다음과 같은 프로필이 잘 말해준다. 1927년의 시점에 이 도시의 전체 인구는 54만 2천 명이었고, 그중 14만 명이 공업 부문 노동자였으며, 다시 이들 중 약 40퍼센트가 금속기계 부문에 종사했다. 아닌 게 아니라 금속기계업은 전기 및 화학 분야와 더불어 토리노에서 가장 크게 발전한 부문이었고, 그 밖에 금융과 제지 및 인쇄 등의 분야도 준족의 발전을 거듭하고 있었다. 그리하여 피아트와 그 금융지주회사인 IFI를 비롯하여 피에몬테수력발전회사Sip, 이탈가스Italgas, 그리고 인조직물회사로서 1920년대에 자본 규모로 따지면 이탈리아에서 가장 컸던 스니아 비스코사Snia Viscosa, 발레수사 면직회사Cotonificio Valle Susa 등 쟁쟁한 기업들이 토리노에 포진해 있었다.[9] 물론 가장 두드러진 기업은 당연히 링고토 공장을 막 완공한 피아트였다. 게다가 아녤리는 지역 일간지인 『스탐파』까지 인수하면서 자신의 영향력을 한층 더 넓혀나갔다. 그런 점에서 파시스트들에게 토리노는 '전체주의적' 프로젝트를 위해 정복해야 할 목표가 아닐 수 없었다.

독립성

정치적 존재감을 드러내려고 안달하고 있던 토리노 파시스트들에게 당장 먹잇감으로 보인 대상은 아녤리였다. 소말리아로 쫓겨나기 직전까지 데베키는 파시즘에 미온적인 태도를 보이는 아녤리를 "도시의 산업 금권정"을 대표하는 원흉으로 보아 끊임없이 위협적인 언사를 구사했다.[10] 파시스트들이 아녤리의 자택 앞에서 야유를 보내며 소란을 피우는, 과거 농촌에 있었던 '샤리바리' 행위도 잦았다. 아녤리가 소련과 거래하는 것도, 파시스트들의 공적이었던 졸리티의 80세 생일 경축위원회 일원이 된 것도 모두 파시스트들에게는 못마땅했다. 아녤리는 그들의 불만에 아랑곳하지 않았다. 그러나 아녤리는 파시즘이 사업을 방해하지 않고 또 정부를 구성하고 있는 한에서 파시스트들과 정면으로 충돌하지 않았으며, 오히려 기부금을 제공하며 후원까지 했음이 확인된다. 파시스트들 사이에서도 아녤리에 대한 견해는 나뉘었다. 어쨌든 아녤리와 지방 파시스트들 사이에는 늘 긴장이 존재했고, 이는 때로 노골적인 갈등으로 표면화되기도 했다.

특히 피아트의 노사관계에 개입하려고 한 파시스트 노동조합과 아녤리는 항상 불편한 관계였다. 대표권의 독점을 주장한 파시스트 노동조합의 입장에서 볼 때, 아넬리가 공산주의자들이 많은 내부위원회나 사회주의적 성향의 FIOM 등과 타결을 이끌어내려고 한 것은 명백히 '반파시스트적' 행위일 수밖에 없었다. 반면, 아넬리의 일관된 방침은 회사 내부의 경영에 대한 외적 개입에 대해서는, 그것이 좌익에서 오건 우익에서 오건 일관되게 반대하는 것이었다. 또한 『스탐파』에 대한 파시스트들의 언론 장악 시도에 대해서도 아넬리는 완강하게 거부했다. 비록 졸리티의 지지자였던 편집장 프라사티를 어쩔 수 없이 해고하기는 했지만, 그 이상의 개입은 결코 허용하지 않으려고 했다. 파시스트 중앙당에서도 『스탐파』의 '파시스트화'는 현실성이 없다고 판단한 듯하지만, 지방 파시스트들은 결코 포기할 줄을 몰랐다. 이에 대해 아넬리는 이데올로기적인 이유에서가 아니라 판매 부수의 저조함을 내세워 태연하게 파시스트 성향의 편집장들을 차례로 해고함으로써 파시즘의 개입으로부터 언론 경영권을 방어했다.[11]

한편 무솔리니와 파시스트 정부의 입장에서도 아넬리는 불편한 존재였다. 특히 무솔리니가 무리하게 추구했던 1926~27년의 리라 평가절상으로 찾아온 경제위기 속에서 아넬리가 대규모 인력 감축과 10퍼센트 임금 삭감을 추진한 것이 무솔리니의 심기를 건드렸다. 더 이상의 감축과 삭감을 불허한다는 방침에도 불구하고 아넬리는 그 이상의 구조조정이 필요함을 끊임없이 요구했고, 결국 무솔리니의 격노를 불러왔다. 무솔리니는 토리노 지사에게 보낸 편지에서 이렇게 썼다. "피아트가 국가나 왕조나 교회나 체제에 버금가는 신성불가침의 제도로 간주되는 심각하고도 부조리한 위험을 피하기 위해 피아트는 계속해서 요구를 앞세우는 일을 그만두어야 할 것입니다… 피아트라는 일개 사적 기업이 무엇을 하며 무엇을 하지 않는지, 혹은 그것이 무엇을 할 것이며 무엇을 하지 않을 것인지에 대한 일종의 강박증은 버려야 할 것입니다."[12] 역설은 무솔리니의 이 강경한 문장들이 의도와는 반대로 오히려 파시즘이 피아트를 의식하고 있고 그에 부담을 느끼고 있음을 입증한다는 것이다. 요컨대 피아트는 '국가 속의 국가'였던 셈이다.

그렇다면 아넬리의 경우는 카스트로노보가 말하듯이 기업가가 파시즘에 직면하여 일정한 **"독립성"**을 유지하고 있었음을 증언하고 있다. 물론 올리바가 강조하듯이 그런 독립성이 기업가가 파시스트 정부의 정책을 직접 제안하거나 제한할 수 있었다는 뜻으로 이해되어서는 안 된다. 여기서 독립성이란 "노동자들과 사회복지에 대한 파시스트적인 주도권을 희생시켜 자신의 사적 권력을 확장하는 것을 허용해주고, 또 20년 동안의 협력과는 별개로 이 토리노 공장과 파시스트 체제가 완전히 동일시되지 않게 해준 여분의 공간들을 확보하는 데 성공했다"는 의미일 것이다.[13] 이 '자유의 여지'야말로 기업가들로 하여금 '전체주의적' 체제 앞에서 독립성을 유지할 수 있게 해준 마법의 공간이었다. 피아트 창업자의 손자 잔니 아녤리는 반파시즘과 자본주의, 토리노 지방주의를 절묘하게 결합하여 파시즘으로부터 피아트가 확보한, 그 마법 같은 공간을 훗날 수사학적으로 이렇게 표현하고 있다. "우리 토리노인들은 자신의 조국에서 다소간 **이방인**이라고 느낍니다. 우리는 산악인입니다. 토리노는 고대의 병영 도시 중 하나였고, 여기서는 의무가 권리에 선행하며, 가톨릭에는 얀센주의의 피가 흐르고, 대기는 차가우며, 사람들은 일찍 일어나 일찍 잠에 들고, **반파시즘**은 진지하며, 그에 못지않게 **노동과 이윤** 역시 진지합니다."[14]

그러나 무솔리니와 파시즘이 기업가들 앞에서 마냥 '물렁한' 것만은 아니었다. 또 다른 토리노 기업가인 괄리노 Riccardo Gualino의 경우는 아녤리와 극적으로 대비되는 사례이다. 그는 전쟁 직후에 원래 운송회사였던 스니아Snia를 인수하여 화학섬유를 제조하는 기업으로 바꾸었다. 인조섬유는 회사의 번영을 이끈 핵심 품목이었다. 이 주력 분야를 바탕으로 괄리노는 시멘트와 식품, 금융 등 다각화를 이루어 거대한 산업 제국을 건설하기에 이르렀다. 흥미로운 것은 그가 특유의 "절충적이면서 분열적인 개성"을 갖고 있으면서 예술에 대한 독특한 취향과 더불어 체제에 대해 비판적인 언사를 거리낌 없이 표현했다는 사실이다. 이런 성향과 태도는 필경 파시스트 체제에게 부르주아적 퇴폐성을 깔고 있는 "비순응적 태도"로 받아들여졌을 것이다. 게다가 괄리노의 무분별한 투자가 1929년의 경제위기 상황에서 사업을 위험에 빠뜨렸다. 특히 그가 연루되어 있던 카살레 산업농업은행Banca Agricola Industriale di Casale이 파산하면서 그의 산업 제국도 치명적인 타격을 입었다. 결국 괄리노는 파시스트 정권에 의해 투기 혐의로 체포되어 투옥당했고, 그의 산업 제국도 끝내 예전의 모습으로 소생하지 못했다.[15]

토리노에는 또 한 명의 걸출한 기업가가 있었다. 폰티Gian Giacomo Ponti는 자신의 뛰어난 기술적 역량과 미국에서의 연구 경험을 바탕으로, 1918년에 창립된 기업 시프Sip를 피에몬테 지역 전체의 전기 공급을 책임지는 거대한 수력발전회사로 키워나갔다. 1924년에는 일간지 『가체타 델 포폴로』를 인수했고, 1930년 이후에는 전화 사업과 라디오 송출 사업에도 뛰어들었다. 그의 라디오 회사는 이탈리아에서 처음으로 전국망을 갖춰나가고 있었다. 또한 판차라사Rinaldo Panzarasa가 이끄는 이탈가스와도 사업 파트너로 긴밀하게 협력하면서 시장 점유율과 정치적 영향력을 한층 확대하고자 했다. 그러나 서로 연관성 없는 사업들의 무리한 확장과 이를 위한 과도한 채무, 소비의 감소가 결국 폰티의 발목을 잡았다. 그의 제국은 끝내 대공황의 충격을 버텨내지 못했다. 결국 1933년에 시프는, 파시스트 체제가 도산한 기업과 은행을

인수하여 구제하려는 목표로 만든 산업재건기구(이하 IRI) 아래로 들어가야 했다.[16]

반면, 피아트는 1920년대 내내 지속적인 성장을 이루었다. 체이라노Ceirano나 스파Spa와 같은 자동차 회사들을 인수하며 시장에서 독점적인 지위를 점차 굳혀나가고 있었다. 1926년의 시점에 피아트는 3만 1천 명의 노동자를 거느렸는데, 이는 당시 토리노 노동자의 4분의 1을 상회하는 수치였다. 피아트도 스니아와 시프가 맞닥뜨렸던 어려움을 겪었지만, 서로 연관 없는 사업들로 무분별하게 확장하는 것을 신중하게 피하고 유럽 시장 등 새로운 무대로 민첩하게 진출하면서 불황을 타개했다. 1924년의 토리노 가이드북에 따르면, 당시 피아트는 "이미 세계적인 명성을 누리고 있었다."[17] 대공황을 거치면서도 피아트는 오히려 IRI를 통한 짭짤한 인수합병으로 몸집을 불려나갔다. 마침내 1936년 피아트는 대중을 위한 자동차, 즉 무솔리니 자신의 말을 빌리면 "노동과 절약을 위한 경차"로서 '토폴리노Topolino'—이탈리아어로 '미키 마우스'라는 뜻—를 선보였다. 이 차는 명백히 아녤리의 포드주의적 집념이 만들어낸 결실로서 피아트가 새로운 유형의 소비, 더욱 대중적인 자동차 시장을 겨냥하여 야심적으로 출시한 작품이었다.[18]

전체적으로 볼 때, 기업가들과 파시즘의 관계를 한마디로 규정하기는 어렵다. 분명 기업가들에게는 독립성의 공간들이 존재했고, 아녤리의 피아트는 그런 공간이 아주 잘 식별되는 경우이다. 그러나 괄리노나 폰티가 보여주듯이, 그런 독립성을 유지하고 확대해나가는 것은 체제의 간섭과 경제위기라는 조건에서 쉽지 않았다. 족토는 토리노 기업가들과 파시즘이 "대체로 보아 본질적으로 도구적이면서 많은 경우 전혀 목가적이지 않은" 관계를 맺고 있었다고 정리했다.[19] 독립성을 지켰다고 하는 피아트도 파시즘과의 관계에서는 전혀 평화롭지 않았다. 그러면서도 양자는 파국으로 치닫지는 않고 경제적 이해관계나 정치적 실익에 따라 조건부의 관계를 맺었던 것으로 보인다.

이 피아트와 파시즘의 승부에서 피아트는 충분히 실리를 챙긴 것으로 보인다. 여세를 몰아 아녤리는 5층짜리 링고토 공장의 한계를 극복하기 위해 완벽한 연속 공정이 가능한 단층짜리 새로운 공장 미라피오리Mirafiori의 건설을 구상했다. 그러나 무솔리니는 하나의 공장에 거대한 프롤레타리아 대중을 집중시키는 것이 초래할 사회적 위험과 잠재적 적성국인 프랑스 국경 가까운 곳에 자동차 공장이 입지하는 것의 전략적 난점을 내세워 공장 건립에 반대했다. 그러나 아녤리는 체제의 반대를 뚫고 미라피오리를 완공했다. 1939년 5월 15일 무솔리니가 참석한 미라피오리 개장식은, 아녤리가 파시즘과의 대결에서 끈질기게 성취한 '의지의 승리'를 완벽하게 웅변하는 행사였다. 또한 비 내리는 개장식 당일에 파시즘

80

의 수장에 대해 보인 피아트 노동자들의 "전설적인 침묵"은 무솔리니의 분통을 터지게 만들었다. 파시즘의 영도자, 즉 두 체Duce에게 토리노는 "망할 놈의 도시"였다.[20]

중요한 것은 파시즘과 경제위기라는 어려운 상황에서도 피아트의 발전이 보여주듯이 산업 수도로서 토리노가 분주히 발전했다는 사실이다. 제2차 세계대전 전야에 피아트 노동자 수는 무려 5만 8천 명이었고, 그중 미라피오리 노동자는 1만 5천 명이었다. 토리노 인구는 1921년 50만 명에서 1931년 59만 명, 1936년 63만 명, 1941년 71만 명에 달했다. "정치적·문화적 주역으로서의 역할을 좋아하고 그에 맞춰져 있던 고색창연한 사보이아 왕조의 토리노는 이미 저물었다. 도시는 거대한 근대 도시, **굴뚝에서 연기를 뿜어내는** 생산 활동의 중심지, 노동의 수도로 변모했다."[21]

피아트 미라피오리 공장 전경

고베티

피아트는 자본주의와 파시즘을 동일시하는 해석이 지지될 수 없음을 잘 보여주는 사례라고 할 수 있다. 아넬리와 피아트 경영진은 이 자동차 기업의 국제적·민족적 '존재감'과 토리노라는 도시의 지리적·정치적 '고립성'을 십분 활용하면서 파시스트 체제와의 관계에서 작지만 분명한 독립 공간을 확보하는 데 성공한 것으로 보인다. 무솔리니와 파시스트들은 아넬리와 피아트 경영진의 독자 행보에 불편한 심기를 숨기지 않으면서도 상황을 바꾸지 못했다. 그들은 피아트 경영권에 대한 개입 시도가 신통치 않자 피아트 노동자 속으로 파고들려고 했다. 그러나 1939년의 개장식 당시 피아트 노동자들의 침묵은 노동자들에 대한 '파시스트화' 시도 역시 실패했다는 점을 보여준다. 이미 무솔리니 자신이 그 점을 잘 알고 있었다. 그는 피아트 노동자들을 두고 겉으로는 파시즘에 순응하는 듯하지만 마음 깊은 곳에서는 여전히 예전의 이상들을 품고 있는, "겉은 검지만 속은 빨간 무화과"로 비유했다.[22] 확실히, 피아트의 도시 토리노가 나중에 반파시즘의 도시라는 명성을 얻게 된 것은 이런 상황과 무관치 않을 것이다.

그러나 반파시즘의 도시라는 토리노의 이미지는 피아트

의 독립성뿐만 아니라 토리노를 로마와 맞세우며, 즉 토리노의 자유주의 전통을 로마의 파시스트 이데올로기와 대질시키며 파시즘에 대한 반대의 기치를 선명하게 내세운 일군의 토리노 지식인들이 보여준 비타협성에서 솟아 나온 것이기도 하다. 고베티는 그런 토리노의 비타협적인 반파시스트 지식인들의 아이콘과 같은 존재이다. 토리노를 자주 '고베티의 도시'라고 부르는 것도 그의 반파시즘이 갖는 강렬한 상징성 때문일 것이다. 고베티는 1901년 토리노에서 태어나 1918년 10월 토리노 대학 법학부에 입학한 후 『새로운 에너지_Energie Nove_』라는 저널을 창간하면서부터 정열적인 활동을 펼치기 시작했다. 그는 '붉은 2년' 동안 토리노 노동자들의 투쟁을 지켜보고, 또 그람시가 이끈 신질서 그룹의 이상에 자극받으면서 자신의 입장과 전망을 형성해나갔다. 그의 정치적·문화적 활동의 절정은 1922년 2월 새로운 저널인 『자유주의 혁명_La Rivoluzione Liberale_』의 창간 이후라고 할 수 있다. 저널의 제목은 고베티의 정치적 입장을 그대로 대변해주고 있는데, 그는 이 저널의 지면에 이탈리아 전역의 비판적 지식인들을 한데 모으는 놀라운 문화 조직자의 면모를 과시했다.

고베티는 자유주의자로서 파시즘과 동맹하거나 그에 투항한 다른 자유주의자들과 달리 파시즘에 비타협적으로 반대하는 입장을 고수했다. 그의 가장 유명하고, 또 많이 인용되는 논설 중에 「단두대 찬가」가 있다. 무솔리니가 "로마 진군"으로 권력을 장악한 직후에 쓴 이 논설에서, 고베티는 "돈키호테적"일 수도 있고 "절망적"일 수도 있으나 파시즘에 대한 "결연한 반대"를 외쳐야 한다고 호소하며 이렇게 선언했다. "폭군은 폭군이고, 반동은 반동이며, 단두대를 들어 올릴 용기를 지닌 자가 있기를, 끝까지 입장들이 고수되기를 희망해야 한다. 파시스트 체제가 성과를 낼 수도 있고, 파시스트 체제의 모든 과실을 얻으려는 시도가 행해질 수도 있다. 우리는 누군가가 깨어날 수 있도록 채찍을 요구하고, 사태를 명료하게 볼 수 있도록 사형집행인을 요구한다."[23]

　　여기서 "단두대"는 무엇을 뜻하는가? 그것은 폭군과 반동을 결연히 잘라낼 수 있는 정치투쟁의 상징이었다. 이탈리아에 단두대가 필요하다는 말은 그때까지의 이탈리아 역사에 그런 정치투쟁이 부재했음을, 다시 말해 이탈리아는 이념들과 입장들이 분명하게 천명되고 경합하는 정치투쟁의 무대를 결여했음을 암시한다. 정치적 반대파를 뇌물과 관직으로 매수하여 중립화하는 자유주의 이탈리아 시대의 거래 정치 관행인 '변신 정치trasformismo'는 왜 이탈리아에 단두대가 필요한지 설명해준다. 고베티가 무솔리니를 혐오한 것도 그가 파시스트이기 이전에 '변신 정치가'였기 때문이다. 무솔리니는 파시즘까지도 타협과 화해의 이데올로기로 변신시켰다는 것이 고베티의 생각이었다. 고베티는 차라리 비타협적 파시스트로서 악명을 떨쳤던 과격한 파리나치Roberto Farinacci

를 무솔리니보다 더 높이 평가했다. 고베티의 생각에 파리나 치야말로 진짜 반동이었기 때문에 정치투쟁을 교란하지 않고 반동과 진보 사이의 정면 투쟁을 가능하게 하리라는 것이었다.[24] 여기서도 두 개의 파시즘이 확인되는데, 고베티는 비타협적인 반동적 파시즘과의 진검 승부를 통해서만 진정한 혁명이 도래할 것이라고 믿고 있었다. 여기서 고베티 사상의 키워드가 등장하고 있으니, 바로 "정치투쟁"과 "비타협성"이 그것이다.

그렇다면 파시즘은 고베티가 쓰고 있듯이 "나태하게도 정치투쟁을 회피하고 계급 협력을 믿는 민족"의 부산물, 즉 이탈리아 민족의 자화상이었다.[25] 여기서 고베티의 유명한 "민족의 자서전"으로서의 파시즘이라는 테제가 나왔다. 이 테제에 따르면, 파시즘은 나중에 크로체Benedetto Croce가 말하듯이 이탈리아 역사의 예외적이고 일시적인 현상으로서 "막간극"이 아니라 "다른 이탈리아altra Italia"의 필연적이고 구조적인 산물이었다. 그렇다면 진정한 투쟁의 대상은 단지 표면의 무솔리니 정권이 아니라 파시즘을 낳은 심연의 "다른 이탈리아"일 것이었다. 이 "다른 이탈리아"는 복종과 순응, 무기력과 절충성이 지배하고 온갖 기회주의와 "좋은 게 좋은 것이라는 태도buonismo"가 만연하는, 조금도 존중할 구석이 없는 "품위 없는 이탈리아Italian incivile"였다.[26] 그런 볼품 없는 이탈리아를 일신하기 위해서는 단두대, 즉 혁명이 필요했다.

그러나 혁명을 이끌어야 할 이탈리아 부르주아는 그런 정신과 역량을 결여하고 있었다. 고베티에 따르면, 그런 비극은 이탈리아가 개인주의 혁명과 근대 문명의 토대로서 프로테스탄트 전통을 결여한 데에서 이미 잉태되었다. 고베티가 아넬리의 모습에서 "근대 자본주의의 고독한 영웅 중 하나"를 본 것도 그런 맥락에서였다. 그러나 아넬리의 **고독**은 집합적 주체로서 이탈리아 부르주아의 취약성을 말해주는 것이기도 했다. 그렇기에 고베티는 자못 웅변적인 어조로 "우리들의 프로테스탄티즘"은 어디 있는지를 물으면서 혁명을 몰고 올 새로운 엘리트의 형성을 요구했던 것이다.[27] 그리고 새로운 엘리트를 놀랍게도 '붉은 9월' 동안 공장평의회 운동을 지도한 그람시 등의 혁명적 지식인 그룹과 새로운 노동귀족 속에서 발견했다. 고베티는 이 생산하고 투쟁하는 노동자들을 보면서 흥분을 감추지 못하고 이렇게 썼다. "놀라운 사실은 (마치니Giuseppe Mazzini의 환상이었던) 민중이 권력을 요구하고 있다는 것이다. **민중이 국가가 되고 있다.**"[28]

그렇다면 고베티는 "자유주의 혁명"의 역사적 과업을 토리노의 노동귀족으로 대표되는 프롤레타리아에게 위임했다고 할 수 있다. 이로부터 자유주의와 공산주의의 동맹 또는 "자유주의자-공산주의자"로서의 고베티라는 기묘한 이미지가 탄생했다. 고베티와 그람시가 서로를 매우 좋아했고,

생각에서 접근하고 있었음은 사실이다. 나아가 고베티가 그람시의 헤게모니 개념과 가까운 사유의 접근성을 보이고 있었던 것도 사실이다. 고베티는 노동자들이 노동조합 수준의 즉각적인 물질적 이해관계를 넘어 외부세계와 연결되었다고 느끼는 "생산자의 심리"로, 나아가 "정치적인 것의 개념"으로 나아가야 한다고 믿었는데, 이는 그람시의 헤게모니 개념에 대한 완벽한 설명처럼 보인다.[29] 그러나 고베티를 공산주의자로 보는 것은 난센스일 것이다. 그는 부르주아 사회와 자본주의 체제의 완벽한 옹호자였고, "좋은 부르주아" 없이 "좋은 시민" 없다는 신념의 소유자였다. 나아가 그는 경제적 자유주의의 입장에서 경제에 대한 국가 개입을 가리켜 개인을 도덕적으로 타락시키는 "국가사회주의"로 규정하기도 했다. 그러나 중요한 것은 고베티가 자신의 소명을 다하지 못하는 "나쁜 부르주아"에 대한 가차 없는 비판자였다는 사실이다. 그런 가차 없음이 자유주의적 공산주의와 같은 **형용모순**을 낳으면서 고베티로 하여금 혁명적 공산주의자들과 노동귀족 속에서 자유주의 혁명의 동맹자를 찾게 만들었을 것이다.[30]

　고베티의 자유주의는 마르크스와 마치니를 동렬의 자유주의자로 규정할뿐더러 레닌과 트로츠키 역시 동급의 자유주의자로, 나아가 10월 혁명 자체를 자유주의 혁명으로 간주한 데에서도 분명하게 드러난다. 이와 유사하게, 고베티의 눈에는 그람시와 같은 토리노의 혁명적 지식인들도 공산주의자들이 아니라 "자유주의 혁명"의 대의에 동참하고 "민족적이고 해방적인 가치"에 헌신하는 동지들로 비쳤다.[31] 여기서 고베티의 그런 인식이 얼마나 타당한지, 또는 얼마나 엉뚱한지 논하는 것은 관심사가 아니다. 중요한 것은 이념적으로 대립하는 고베티와 그람시를 접근시킨 역사적 맥락이다. 확실히, 이 두 젊은 지식인의 수렴을 이해하려고 할 때 유용한 단서는, 두 사람이 참여하거나 관찰한 당대의 정치투쟁들과 이를 해석하는 방식에 있을 것이다. 구체적으로 말하면, 당대 투쟁들 속에서 계급적 차원뿐만 아니라 **민족적** 차원까지 볼 수 있을 때에만 고베티와 그람시의 접근을 이해할 수 있다. 고베티가 토리노의 '붉은 9월'을 단지 자본과 노동의 계급투쟁으로만 보지 않았음은 분명하다. 그에게 토리노 노동계급의 투쟁은 "자유주의 혁명"이라는 개념이 말해주듯이 이탈리아의 민족적·역사적 과제를 완수하기 위한 투쟁이었다. 그람시도 토리노 노동자들의 공장평의회 운동을 자신의 계급적·물질적 이해관계를 추구하는 노동조합적 투쟁이 아니라 "노동하고 생산하는 새로운 이탈리아"의 주체로서 스스로 국가가 되기 위해 준비하는 과정으로 보았다.[32]

이 대목에서 계급투쟁을 자본가와 노동자 또는 부자와 빈자 사이의 투쟁으로 보는 협소하고 상투적인 시각을 넘어, 민족의 해방과 독립을 추구하는 민족투쟁과 가부장제와 싸우는 여성들의 투쟁까지 아우르는 폭넓은 **사회적 갈등**이라는 새로운 시각에서 보자고 제안하는, 이탈리아 정치철학자 로수르도Domenico Losurdo의 주장이 특별히 주목을 끈다. 그는 예컨대 그람시가 러시아 혁명을 단지 사회주의적 변혁이 아니라 "민족을 구원한" 혁명으로 인식하고 있었음을 보여준다. 로수르도에 따르면, 그람시는 볼셰비키를 "다른 어떤 민족도 갖지 못한 뛰어난 정치가 집단"으로 간주하면서 그들이 "전체 러시아 민중의 국가"를 건설하는 일에 헌신했다고 평했다. 나아가 그람시는 혁명 이후 제국주의 열강의 간섭에 맞서 러시아 민중이 프랑스 혁명기에 프랑스 민중이 외세에 맞서 승리했던 전투를 재현하기 위해, 즉 "자신들의 발미Valmy"를 위해 무장해야 하고, 공산당은 자코뱅의 선례를 따라 민족독립을 위한 투쟁을 지도해야 한다고 역설했다고 한다. 이렇게 그람시를 인용하면서 로수르도는 민족투쟁이 계급투쟁의 한 형태이며, 그런 만큼 계급투쟁을 단지 자본과 노동의 투쟁으로 환원하는 것은 오류라고 주장한다.[33]

과연 고베티와 그람시는 이데올로기적 차이에도 불구하고 눈앞의 투쟁이 특수한 역사적·민족적 중요성을 갖는 계급투쟁이라는 생각을 공유하고 있었다. 두 사람은 공히 이 투쟁에서 토리노 노동계급이 이탈리아의 실패한 민족혁명의 과업을 완수하는 역할을 해낼 수 있으리라고 보았다. 흥미로운 것은 자유주의자 고베티가 사회주의자 그람시보다도 더 거침없이 계급투쟁을 강조한 것처럼 보인다는 점이다. 그는

"오직 계급투쟁을 통해서만 자유주의는 자신의 풍부함을 입증할 수 있다"라고 하면서 계급투쟁이야말로 "새로운 엘리트의 형성을 위한 틀림없는 도구"라고 주장했다.[34] 여기서 고베티가 말한 계급투쟁이 로수르도의 포괄적인 계급투쟁의 개념과 다르지 않음을 금방 눈치 챌 수 있다. 고베티에게 계급투쟁은 사회주의자의 전유물이 아니었다. 오히려 진정한 자유주의자는 계급투쟁을 통해, 즉 경합적이고 경쟁적인 정치투쟁을 통해 엘리트가 선택되고 대중의 정치교육이 이루어짐으로써 사회 진보가 가능할 것이라고 확신하는 사람이다. 고베티가 비타협성을 강조한 것도, '변신 정치'가 명징한 계급투쟁을 희석하고 우회하게 함으로써 이탈리아가 직면한 문제들을 드러내기는커녕 곪아 터지게 만들었다고 생각했기 때문이다. 따라서 계급투쟁을 고베티가 강조했다고 해서 그가 별안간 사회주의자로 둔갑하지는 않는다.

실상, 고베티는 자유주의의 어떤 전통을 충실히 계승하고 있다. 19세기 프랑스의 자유주의 역사가들, 즉 기조François Guizot와 미녜François Mignet, 티에리Augustin Thierry 등은 문명 진보의 역사가 계급투쟁으로 가득 차 있음을 잘 알고 있었다.[35] 따라서 모든 역사는 계급투쟁의 역사라는 마르크스의 말은 새로운 것이 아니다. 역사적으로 나타난 모든 위기들과 혁명들, 반란들, 요컨대 구체적 상황 속에서 사회 집단들이 동원되는 다양한 형태의 갈등과 적대는 모두 계급투쟁이고, 마르크스도 정확히 그런 넓은 의미로 계급투쟁이라는 표현을 썼던 것이다. 로수르도에 따르면, 마르크스는 지치지 않고 아일랜드의 민족해방을 위한 투쟁을 지지했고,『공산주의 선언』에서도 폴란드의 민족해방을 언급한 후 "만국의 노동자여, 단결하라!"라는 구호로 마무리 지었다. 이 유명한 구호는 1864년의 제1인터내셔널 기념사에서 되풀이되지만, 본문은 폴란드와 같은 피억압 민족들의 문제와 미국의 노예제, 서유럽의 식민주의 등으로 채워져 있었다.[36] 이는 고베티와 같은 자유주의자와 그람시와 같은 사회주의자가 중첩되는 인식론적 공통분모가 존재했음을 암시한다. 그것은 곧 자본과 노동의 투쟁으로 축소되지 않는 민족적·민중적 차원의 복합적인 역사적·사회적 갈등으로서 **계급투쟁**에 대한 인식이었다.

고베티와 그람시에게는 반파시즘 투쟁도 특정한 역사적·민족적 상황에서 전개되는 계급투쟁의 한 형태였다. 바꿔 말해, 두 사람은 자유주의와 사회주의라는 그들 간의 이데올로기적 차이를 약화시키거나 최소화하는 당대의 특정한 애국적 또는 민족적 담론의 평면 위에서 사유하고 실천했던 것이다. 고베티는 1921년 병역의 의무를 이행하면서 연인인 프로스페로Ada Prospero에게 보낸 9월 9일 자 편지에서 군대를 "국가의 윤리적 실현의 도구이자 형태," 나아가 "민족정신의 학교"로 표현했다. 이는 그의 급진적 자유주의가 민족국가의 좌표상에 위치한다는 사실을 잘 드러내 보인다.[37] 그람시도 자코뱅이 "새로운 국가에 항구적 토대를 제공했고, 응집력 있는 근대 프랑스 민족을 창출하는" 역할을 수행했다며 찬사를 아끼지 않았다.[38] 계급과 사회주의보다는 민족과 국가, "민족적–민중적 블록"이 일차적으로 호명되고 있었던 셈이다. 역설은 고베티와 그람시가 자신들과는 완전히 반대 방향에서 애국적·민족적 담론을 취하고 전유한 세력에 의해 끔찍한 고통과 죽임을 당했다는 비극적인 사실에 있다. 그람시는 1926년 11월 파시스트 정권에 체포되어 20년 형을 언도받아 1937년 4월 옥사했다. 고베티는 파시스트들에게 당한 테러의 후유증으로 1926년 2월에 망명지 파리에서 사망했다.

자율성

토리노가 반파시즘의 도시라는 이미지는 기업가들의 독립성 뿐만 아니라 고베티와 같은 지식인들의 비타협성, 나아가 고 베티까지 포함한 토리노 지식인들의 자율성으로부터 형성 된 것이기도 하다. 여기서 자율성이라는 용어를 잠깐 짚어볼 필요가 있다. 독립성이 이를 훼손하려는 힘으로부터 물리적 이고 외면적으로 떨어져 있음을 가리킨다면, 자율성은 정신 적이고 내면적인 차원에서 자유를 누리고 있음을 뜻한다고 할 수 있다. 이 자율성은 고베티의 사유에서 중요한 개념이 다. 고베티의 충실한 지지자인 보비오에 따르면, 두 가지 종 류의 자유가 있다. 하나는 "국가로부터의 자유"이고 다른 하 나는 "국가 속의, 국가를 통한 자유"인데, 전자는 "구속받지 않을 자유"이고 후자는 "자율성으로서의 자유"이다. 이때 자 율적이라는 것은 "법이 없는 상태가 아니라 스스로에게 법을 주는 상태"인데, 이것이 바로 고베티가 옹호한 자율성으로서 자유의 개념이라는 것이다. 타율성이 외부의 규준을 받아들 이는 것이라면, 자율성은 "스스로에게 규준을 주는" 것이었 다.[39] 고베티는 이렇게 썼다. "자유의 의미는 근대 도시에서 승리를 구가한 것으로 입증된다. 더 이상 외부에서 부과된 것을 어쩔 수 없이 수용하는 것이 아니라 **스스로에게 법을 주는** 다수 개인들의 **자율적인** 노력으로 등장한 유기체인 바로 이 근대 도시에서 말이다."[40]

그렇다면 토리노 지식인들의 자율성이란 구체적으로 무엇일까? 이를 논하려면 토리노의 뿌리 깊은 어떤 전통에서 출발할 필요가 있다. 토리노가 오랫동안 사보이아 군주정과 이에 연결된 귀족 계층의 전통을 품고 있었다는 것은 분명하다. 토리노에서 좀더 포퓰리즘적이고 좀더 '좌익적인' 파시즘이 별로 힘을 발휘하지 못하고, 데베키의 군주제적 파시즘이 우세했던 것도 그런 전통이 존재했기 때문이다. 토리노의 보수적 민족주의 역사학도 그런 전통의 일부였다. 그러나 파시즘에는 토리노의 군주정 전통을 자기 쪽으로 끌어당기는 자성이 있었다. 가령 찬Vittorio Cian은 단테와 마키아벨리 시대에서 사보이아 군주정을 거쳐 로마 제국의 복고로서 파시즘으로 이어지는 역사적 연속성을 확립했고, 스탐피니Ettore Stampini와 레비Mario Attilio Levi, 코냐소Francesco Cognasso 등은 아예 카이사르 시대로 거슬러 올라가 고대에서 현대로 이어지는 긴 연속성을 제시함으로써 사보이아의 군주와 파시즘의 두체가 "양두정"을 이룬다는 독특한 이데올로기를 개발하기도 했다. 물론 파시즘이 "양두정"의 드라마라는 생각은 무솔리니가 자신의 책임을 전가하기 위해 지어낸 합리화에 불과하다고 일축할 수도 있지만, 동시에 사보이아 군주의 후광을 무솔리니에게 휘둘러줌으로써 파시즘을 정당화하기도 했다. 파시즘이 보수적 민족주의를 끌어들여 자신을 정당화하는 데 이용했던 것이다.[41]

그럼에도 토리노의 역사학자 본조반니Bruno Bongiovanni의 은유를 빌리자면, 토리노의 보수적 군주정 전통은 파시즘이 결코 뚫을 수 없는 "갑옷 속의 비늘옷"이자 "견고한 성벽"이었다. 특히 포퓰리즘적인 '좌익' 파시즘의 창은 이 비늘옷에 부러지고 말았고, 데베키의 군주제적 파시즘은 얌전히 무장을 해제하고 군주정의 성벽 안에 손님으로 초빙되었다고 할 수 있다. 요컨대 "로마적인 것"과 "토리노적인 것," 파시즘의 "근대주의"와 토리노의 "과거주의"는 본질적으로 양립할 수 없었다는 말이다. 작지만 강했던 사보이아 절대주의의 자랑스러운 전통, 즉 생캉탱 전투(1557)와 토리노 전투(1706)로 상징되는 영광스러운 전통을 기념하는 의식과 행사가 토리노를 화려하게 치장했고, 그 곁에서 파시즘은 그런 고귀한 '푸른 피'를 타고나지 못한 '벼락부자'에 지나지 않았던 것이다. 본조반니는 토리노 대학에도 파시즘과 섞이지 않는 사보이아적 역사 서술의 독자적 전통 위에 서 있던 역사학자들이 있었음을 강조한다. 렘미Francesco Lemmi와 콰차Romolo Quazza가 그런 사례였다.[42] 토리노 대학은 19세기 리소르지멘토의 추진력을 제공한 도시의 대학답게 애국적이고 자유주의적인 전통이 강했고, 또 이를 강렬하게 의식하고 있었던 듯하다.

1924년에 편찬된 예의 토리노 가이드북은 그런 전통을 다음과 같이 묘사하고 있다. "더욱이 토리노 대학은 항상 순수하고 초연한 애국주의의 산실이었고, 19세기와 새로운 세기의 모든 세대에게 정의와 자유에 대한 가장 뜨거운 사랑을 심어주었다."[43]

파시스트 로마와 사보이아적 토리노의 병치를 상징적으로 보여주는 것이 바로 로마 거리 재정비와 리토리아 빌딩 **Torre Littoria** 건축 사업이다. 그런 대공사가 필요하다는 생각은 제1차 세계대전 당시 비토리오 베네토 전투 승전 10주년을 기리기 위한 박람회 개최와 관련하여 1928년에 처음 제시되었다. 로마 거리 재정비는 1931~33년에 첫번째 구간인 카스텔로 광장 **Piazza Castello**과 산 카를로 광장 **Piazza San Carlo**—생캉탱 전투의 영웅 에마누엘레 필리베르토의 기마상이 우뚝한—사이에서 이루어졌다. 이 구간의 거리는 이탈리아산 고급 대리석을 사용하여 아치형 상단에 도리아식 주랑을 배치한 절충주의 양식으로 장식되었다. 1933~34년에는 로마 거리 북단의 바로크식 건물인 산테마누엘레 **Sant'Emanuele** 위에 합리주의 양식의 최신식 고층건물인 리토리아 빌딩이 올려졌다. 이 빌딩-탑은 완공될 당시 유럽에서 가장 높은 건물이었고, 파시스트당의 당사로도 사용될 예정이었다. 그러나 실제로는 파시스트당 본부가 처음에는 밀라노, 이후에는 로마에 있었으므로 결코 당사로 활용되지 못했고, 나중에 보험

토리노 산 카를로 광장의 상징 에마누엘레 필리베르토 기마상
(촬영: 장문석)

토리노의 토레 리토리아

회사에 의해 사용되었다. 리토리아 빌딩은 사보이아 왕조의 바로크 권력의 상징이던 인근의 마다마 궁전Palazzo Madama을 바라보면서 군주정을 상징적으로 견제하기 위한 의도에서 계획되어 세워진 것으로 보인다. 한편, 1935~37년에는 로마 거리의 두번째 구간인 산 카를로 광장에서 카를로 펠리체 광장Piazza Carlo Felice 사이에 새로운 거리가 조성되었다. 이곳에서는 수많은 기존 건물들이 철거된 후 합리주의 양식에 따라 정비되었다.

확실히, 로마 거리 재정비와 리토리아 빌딩 건축은 바로크적인 사보이아 군주정의 "과거주의" 위에 어색하게 또는 혼종적으로 **외삽된** 파시스트 "근대주의"의 절충을 잘 보여주는 사례이다. 이는 토리노의 고색창연한 군주정 전통과 새로운 파시스트 이데올로기의 융합이 쉽지 않은 일이었음을 암시한다. 마침내 1937년 10월 30일 파시스트당 서기 스타라체Achille Starace 등을 비롯하여 많은 요인들과 군중이 모인 가운데 "새로운 로마 거리"의 완공식이 성대하게 거행되었다. "토리노는 파시스트 도시화의 가장 중요한 건축적 개입에 대해 그렇게 로마식으로 경례했다."[44]

그러나 토리노와 로마의 병존은 내재적 부조화를 넘어 서로 불협화음을 내며 충돌했다. 그런 충돌의 상징이 바로 토리노의 비순응적 지식인들에 대한 파시스트 체제의 일제 단속이었다. 가장 심한 탄압을 받은 그룹은 '정의와 자유'였다.

이 그룹은 1929년 8월 파리 망명자 그룹이 결성한 반파시스트 단체였다. 그 지도자 로셀리Carlo Rosselli는 마르크스주의적이지 않은 사회주의를 재구성하고 여기에 자유주의를 접목한 이른바 "자유주의적 사회주의"를 주창했다. 고베티가 철저히 자유주의의 입장에서 사회주의와 노동운동의 일부 요소들을 받아들였다면, 로셀리는 그보다 훨씬 더 사회주의적 지향성이 강했다. 비록 고베티가 25년의 짧은 생애를 미처 채우지도 못한 채 요절함으로써 양자의 지적 교류는 중단되었지만, 두 지식인은 **비/반공산주의적** 반파시즘이라는 타원의 중심이었다고 할 수 있다. 파시즘의 권력이 절정에 달한 것처럼 보였을 때 '정의와 자유'는 당시 이탈리아의 비/반공산주의 계열 중 가장 강력하게 저항한 비타협적 반파시스트 단체였다. 1931년 12월 '정의와 자유' 토리노 지부의 지도자인 안드레이스Mario Andreis가 검거되었고, 가로시Aldo Garosci와 벤투리 부자Lionello e Franco Venturi는 망명 길에 올랐다. 1934년 3월에는 마리오 레비Mario Levi—주세페 레비의 아들이자 나탈리아 긴츠부르그의 오빠—와 긴츠부르그 부부가 체포되었고, 이듬해에는 포아Vittorio Foa와 몬티Augusto Monti, 안토니첼리Franco Antonicelli, 에이나우디Giulio Einaudi, 파베세 등이 줄줄이 검거되었다. 이들은 최대 15년 형까지 다양한 형을 선고받고 감옥으로, 유배지로 떠났다.

물론 토리노의 반파시스트 지식인은 소수였다. 그러나

소수였지만 비타협적이었다. 당시 토리노 공산주의자인 마리노Mattia Marino는 지도부에 보낸 1933년 1월 보고서에 이렇게 썼다. "이 순간 파시즘에 대한 양심적 반대가 토리노 프롤레타리아보다는 일부 소부르주아 지식인들 사이에서 더 분명하게 확인된다는 것이 솔직한 느낌이다."[45] 마리노의 판단을 신뢰한다면, 반파시즘의 도시라는 토리노의 명성은 노동계급보다는 인텔리겐차로부터 나왔던 것으로 보인다. 그리고 이 인텔리겐차의 비타협성은 거듭 강조하거니와 고베티라는 인격으로 상징되었다. 적어도 토리노에서는 그렇다. 고베티는 연인 프로스페로에게 보낸 1919년 9월 3일 자 편지에서 이렇게 말한다. "우리는 투쟁하도록, 승리하도록 만들어졌소. 슬픔과 위기와 **멜랑콜리**여 안녕. 그 모든 것은 한동안만 지속될 수 있소. 그 이상은 아니지. 그다음은 삶이 지배해야 해요. 우리에게 끝이란 없소. 끝은 바로 이 순간이고, 매 순간 끝은 확장되니까. 우리를 지배하는 강렬한 정신 활동은 멈추지 않을 것이니, 이는 우리가 그렇게 원하기 때문이오."[46]

그런데 고베티의 비타협성을 생각할 때 유념해야 할 것은 그의 비타협성을 단지 젊음의 무모한 용기로 봐서는 안 된다는 점이다. 사실, 고베티와 프로스페로가 주고받은 편지들을 보면, 이 두 젊음이 심연으로부터 깊은 고뇌와 번민, 주체할 수 없는 슬픔과 멜랑콜리를 느꼈음을 알아챌 수 있다. 위의 편지 직전인 8월 29일 자 편지에서 프로스페로—1923년

1월 고베티와 결혼했고, 나중에 '정의와 자유'의 창립 회원이자 레지스탕스 투사가 될—는 이렇게 쓰고 있다. "구름이 걷히고 황금빛 태양이 미소 짓는데, 나의 **멜랑콜리**는 사라지지 않네요. 공허함과 불안감이 아직도 없어지지 않아 디디〔프로스페로의 이름인 '아다'의 애칭—인용자〕는 거의 울어버릴 지경이죠. 왜 디디는 그렇게도 많은 멜랑콜리를 안고 있을까요?"[47]

이 편지들에서 읽어낼 수 있는 것은 프로스페로와 고베티의 비타협성이 그저 원초적 젊음에서 솟구친 것이 아니라 내면의 멜랑콜리를 극복한 결과로 배어 나왔다는 점이다. 고베티가 말한 "강렬한 정신 활동"이라는 것이 그런 고통스러운 내재적 극기의 과정을 암시한다고 할 수 있다. 25년도 채안 되는 짧은 생을 보냈으면서도 위대한 사유의 빛나는 파편들을 남기고 떠난 고베티 자신이, 그런 정신 활동이 지닌 힘을 입증하는 증거라고 할 수 있다. 그렇다면 **혁명**의 실패가 **멜랑콜리**를 낳지만, 멜랑콜리의 극복이 혁명의 시작이라는 것도 사실이다. 덧붙여, 젊어서 죽어 영원한 젊음으로 남은 고베티가 자신의 젊음 속에 멜랑콜리와 혁명을 동시에 품고 있었다면, "젊음Giovinezza"에 대한 파시즘의 예찬은 멜랑콜리를 결여하거나 삭제함으로써 어쩔 수 없는 수사학적 단순성으로 다가온다.

고베티를 상징으로 하는 토리노의 반파시스트 지식인들

이 파시즘과의 대면 속에서 '강한' 문화적 자율성을 대표한다면, 토리노의 사보이아 군주정의 보수적 전통은 '약한' 문화적 자율성을 드러낸다고 할 수 있다. 그러나 앞에서도 말했듯이, 자율성이 독립성과는 달리 좀더 심리적이고 내재적인 것이라면, 외형적이고 표면적으로는 파시즘에 순응하지만 결코 완전히 굴복하지는 않는 **수동적** 자율성에 대해서도 조심스럽지만 말할 수 있지 않을까 한다. 우리는 이런 자율성의 영역을 통상 "회색 지대"라거나 "순응주의"라는 다소 부정적어감의 말로 표현해왔지만, 그런 잿빛 공간에도 잔존하는, 식물이 자랄 수 있는 녹색의 자율성을 어렵지만 식별해보는 것도 의미 있을 것이다.

　파시즘 시대 이탈리아의 지식인 세계에 극적인 일화가 있다. 바로 무솔리니가 대학교수들에게 강요한 1931년의 충성 선서이다. 당시 전체 1,325명의 교수들 중 19명이 여러 이유로 서명을 거부하거나 회피했다. 그 외에는 거의 모든 교수가 서명한 셈인데, 그렇다고 서명자들이 모두 파시즘에 굴복했다고 볼 수는 없다. 사실, 충성 선서는 서명하지 않으면 교수직을 박탈당하는 극단적 선택 상황, 그렇기에 개인으로서는 견디기 힘든 실존적 상황을 수반했기 때문에 실제로 서명을 했느냐 안 했느냐의 문제는 극히 형식적인 것일 수 있다. 그리고 무솔리니 자신도 서명 이후에 더 이상 교수들의 동의를 끌어내기 위한 적극적인 후속 조치를 취하지 않았다. 그렇다면 극소수 지식인들이 명시적으로 비순응주의를 보인 가운데 대다수 지식인들은 형식적 순응주의를 택함으로써 자신의 직업을 구하고 교육의 기회를 지키려고 했다고 볼 수 있다. 주목할 점은 충성 선서 거부자 중 토리노 대학의 교수이거나 토리노 대학에서 수학한 교수의 수가 (딜레마 상황을 피하기 위해 외국에서 돌아오지 않은 경우까지 포함하여) 열 명 정도였다는 사실이다.[48] 이 높은 비율은 토리노 지식인들의 상대적으로 강한 비순응주의를 말해준다. 고베티의 도시답다고 하겠다. 그러나 이는 비서명 교수 중 토리노 교수의 비율이므로 의미는 제한적이다. 당연하게도, 토리노 지식인들도 순응성의 광대한 바다에 몸을 적실 수밖에 없었다. 바로 이 대목에서 질문이 제기된다. 순응성을 인정하면 자율성을 부정하게 되는가? 양자는 어떤 관계인가?

이와 관련하여 고베티의 문구 하나가 의미심장하다. "재능 이전에 **品位**를 구하라." 고베티의 이 호소는 사실 뼈아픈 말이다. 왜냐하면 토리노 지식인들 대다수가 저마다의 전문성이라는 성 안에 웅거하여 직업과 교육의 기회를 구하며 형식적 순응주의의 태도를 보였기 때문이다. 그래서 도르시는 토리노가 "자유의 취향"이 남달리 강한 도시였기는 하지만, 재능을 버리고 품위를 구하려 한 대담한 지식인들은 극소수에 불과했다고 본다. 그러나 본조반니는 고베티의 다른 예문을 제시한다. "반파시즘은 탁월성과 고귀함, 스타일의 문제이다. 즉 그것은 포기와 희생으로 얻는 **품위**이다." 이 말은 파시즘이 위세를 떨치는 시대에 반파시즘이 반드시 비순응과 저항의 형태로만 나타나는 것이 아니라 비루한 현실에서도 품위를 잃지 않고 정신적 귀족으로 살아가는 모습으로도 가능할 수 있음을 암시한다. 그런 점에서 본조반니는 그런 품위의 유지를 "내적 자율성의 보존"으로 해석하고자 한다. 만일 우리가 품위를 파시즘과 반파시즘의 이분법 속에서만 보지 않고 양극 사이의 다양한 적응과 타협의 견지에서 볼 수 있다면, 이때 순응성이 자율성과 꼭 배치되는 것은 아닐 것이다. 오히려 **외적** 순응성과 **내적** 자율성을 맞바꾸는 선택도 가능할 것이다.[49] 수동적 자율성이라는 형용모순은 바로 그런 상황을 묘사하고 있다.

3장
가난한 자의 포드주의

행동당

토리노 지식인들의 자율성은 토리노 기업가들의 독립성만큼 이나, 아니 그보다도 더 증명하기 힘들다. 내면의 영역인 까닭이다. 그럼에도 우리가 추론할 수 있는바, 그런 자율성의 존재는 토리노 사회에 대한 파시즘의 '식민화'가 성공하지 못했음을 강력하게 암시한다. 파시즘은 이탈리아 국민을 단일한 의지에 복종하는 규율 있는 '새로운 인간uomo nuovo'—자유주의의 '경제적 인간'에 정반대되는 애국적이고 군사적인 인간형—으로 다시 주조하려고 한 만큼 외적 순응만이 아니라 내적 복종을 이끌어내고자 했다. 그리하여 파시스트 체제는 국민의 사소한 일상의 영토들까지 남김없이 정복하고 조직화하려고 했다. 이를 위해 다양한 연령별, 젠더별, 직업별 조직들을 비롯해 노동과 여가의 영역까지 총체적으로 장악하려는 야심적인 프로젝트를 추구했는데, 파시즘의 '식민화' 라고 함은 정확히 그런 시도를 가리키는 말일 것이다. 그러나 '식민화'는 언제나 무인 지대에서 전개되지 않고 이미 선재하는 원주민들이 살고 있는 땅에서 이루어지는 기획이다. 토리노의 경우는 파시스트 체제가 그런 선주민들을 완전히 장악할 수 없었음을 보여주는 사례일 것이다. 요컨대 파시스트 전체주의는 토리노에서 실패한 셈이다.

확실히, '식민화'의 실패는 공적 영역과 사적 영역의 분리를 철폐하려고 한 파시스트 전체주의의 존재 이유 자체를 무효화했다. 미라피오리 개장식 당일에 피아트 노동자들이 보인 미지근한 반응에 분통을 터뜨린 무솔리니는, (약간의 상상력을 발휘하면) 이미 자신의 몰락과 처참한 최후를 어렴풋하게나마 예감하지 않았을까? 파르티잔에게 체포되어 사살당한 후 밀라노의 광장에 거꾸로 매달린 그 최후를 말이다. 전체주의적 기획이 야심 찼던 만큼 그 실패는 고통스럽고 결말은 비참했다. 원래 '식민화'에 실패한 정착민은 자기가 차별하고 학대한 선주민들에게 사지가 찢기는 법이 아니던가! 반면, 파시즘의 서슬이 시퍼렇던 1935년에도 아넬리는 파시스트 경찰에 체포된 '정의와 자유' 회원들의 가족을 돕고 있었다.[1] 나아가 체제 말기에 이르면, 이탈리아공산당PCI과 레지스탕스 조직인 '가리발디 사단'에도 자금을 댔다. 물론 공정하게 말한다면, 피아트는 파시스트 체제의 이인자였던 발보Italo Balbo의 지방 기관지도 후원했다.[2] 그러나 중요한 점은 아넬리가 파시즘 시대에 반파시스트 지식인들과 정치 단체들을 지원했다는 사실 자체이다. 이 기업가 또한 두체만큼이나 파시즘의 최후를 예감하면서 그 반대 진영에도 내기 돈을 걸고 있었던 것이다. 과연 반파시즘의 대항 헤게모니도 생각보다 약하지 않았다.

1945년 4월 25일 이탈리아가 파시즘의 족쇄에서 풀려난 뒤 해방 공간에서 이 대항 헤게모니가 어떤 형태를 갖추고 전후 이탈리아를 지도해나갈지가 중요한 정치적 변수였다. 행동당Partito d'Azione은 '정의와 자유'의 계승자로서 토리노의 가장 뛰어난 지식인들을 흡수하면서 해방 공간의 가장 촉망받는 정치적 주체로 부상했다. 특히 행동당은 비/반공산주의 진영에서 가장 비타협적으로 파시즘에 맞서 싸운 이력으로 인해 범접할 수 없는 도덕적 권위를 누리고 있었다. 행동당이 공식적으로 창당된 것은 1942년 6월이었다. 행동당이라는 명칭은 일찍이 리소르지멘토의 민주주의적 급진파의 지도자였던 마치니가 1853년에 보통선거권과 사상 및 언론의 완전한 자유 등을 주장하며 설립한 조직의 이름에서 유래했다. 그런 만큼 행동당은 공산주의자들을 제외한 중도 및 좌파의 공화주의자들과 민주주의자들, 특히 '정의와 자유'의 계보를 잇는 급진적 자유주의자들과 자유주의적 사회주의자들을 아우르는 정당으로 탄생했다. 물론 이 알록달록한 물감들을 한데 모아준 팔레트는 틀림없이 반파시즘이라는 대의였다.

1943년 7월 연합군이 시칠리아에 상륙한 후 파시스트 최고평의회의 '궁정 쿠데타'로 무솔리니가 실각하고 바돌리오Pietro Badoglio 원수를 수반으로 한 임시정부가 수립되었을 때, 행동당은 비타협적 반군주정 노선을 견지하면서 바돌리오 정부에 참여하지 않는다는 원칙을 고수했다. 그러나

행동당 당원증(1946), 중간에 '정의'와 '자유'라고 쓰여 있다.

1944년 4월 초 공산당 서기장인 톨리아티가 저 유명한 "살레르노의 전환"을 통해 민족해방위원회Comitato di Liberazione Nazionale, CLN 내부의 모든 정치 세력이 참여하는 민족 통일 정부의 수립을 목표로 바돌리오 정부에 들어가기로 결정했을 때, 즉 반파시스트 정당들과 바돌리오 정부와 군주정 사이의 타협을 천명했을 때, 행동당의 정치적 입지는 갑자기 좁아졌다. 해방 공간에서 행동당을 위한 마지막 기회는 1945년 여름 행동당의 대표이자 자유의용군단의 부사령관을 역임한 파리Ferruccio Parri를 수반으로 하는 정부가 수립되었을 때였다. 그러나 파리 정부는 내부 분열로 오래가지 못하고 그해 12월에 무너졌다. 특히 행동당은 그 시작부터 끝까지 루수Emilio Lussu를 중심으로 한 행동당 좌파와 라말파Ugo La Malfa의 우파 간 갈등을 극복하지 못했다. 그리하여 1946년 6월 2일 제헌의회 선거에서 행동당은 그 명성과 활동력에 비해 1.5퍼센트의 득표율에 일곱 명만을 당선시키는 참혹한 성적표를 받아 들어야 했다(기민당은 득표율 35.2퍼센트에 의석 207석, 공산당은 18.9퍼센트에 104석을 얻어 각각 1위와 3위의 성적을 거두었다. 2위는 득표율 20.7퍼센트에 115석을 얻은 프롤레타리아통일사회당이었다). 곧이어 행동당은 1947년 10월에 자진 해산하고, 다수는 사회당으로, 소수는 공화당으로 흡수되었다.

그렇다면 하나의 정당으로서 행동당은 실패했다고 말할

수 있다. 그러나 현실 정치에서의 실패는 역설적이게도 도덕적 성공으로 일부 보상되었다. 원래 약 3만 5천여 명의 전투적 지엘주의자(giellista, '정의와 자유'의 약자 G.L.을 연음으로 읽은 축약형)들로 이루어진 행동당은 20개월간의 저항운동에서 4,500여 명에 이르는 많은 수의 희생자를 냈다(전체 저항운동 희생자 중 행동당원의 비율은 20퍼센트였다. 공산당원은 50퍼센트이고 나머지가 30퍼센트임을 고려하면, 소수정당인 행동당의 희생률은 이례적으로 높았다고 할 수 있다).[3] 공산당마저 행동당의 비타협성을 무모하다고 비판할 정도였다. 이처럼 행동당이 저항운동에서 다수의 뛰어난 당원들—이미 언급된 레오네 긴츠부르그를 비롯한 기라성 같은 지식인들—을 잃었다는 사실은 전후 정치에서 커다란 손실이었음이 분명하지만, 동시에 도덕적 정당성의 군건한 토대이기도 했다. 과연 행동당원azionista과 그의 이념으로서 행동당 정신azionismo은 오래 지속될 터였는데, 전후 이탈리아에서 지엘주의자와 그의 이념으로서 지엘주의giellismo의 정당한 계승자로서 상당한 도덕적 영향력을 행사했다.

행동당 정신이란 무엇인가? 행동당 연구의 권위자인 역사학자 데루나Giovanni De Luna에 따르면, 행동당 정신은 본질적으로 "전투적 개량주의"로 요약될 수 있다. 행동당이 얼마나 전투적인 조직이었는지는 방금 살펴본 대로이다. 이 사실은 행동당 정신이 정상적인 정치 과정에서보다는 위기와 투쟁의 시절에 더 빛을 발하는 이념이었음을 암시한다. 행동으로서의 정치라는 행동당 특유의 마치니주의적인 개념에서도 드높은 도덕성과 일상적 정치가 쉽게 양립할 수 없음을 알아챌 수 있다. 특히 행동당은 일체의 실증주의와 결정론에 반대하면서 고도의 의지주의적 행동주의라는 새로운 차원을 보여주었다. 예컨대 '정의와 자유'의 결성에 참여한 트렌틴Silvio Trentin은 "어제의 역사가 오늘의 행동을 지시한다는 것은 사실이 아니다"라고 말했다. 지엘주의와 행동당 정신은 역사의 동력이 본질적으로 객관적 법칙이 아니라 도덕적 양심을 지닌 자율적 개인이라고 보았다. 그 밖에 행동당 노선은 자치와 연방주의 등에 기초한 국가 모델을 지지했고, 혁명 자체보다는 제도 개혁과 게임 규칙을 만드는 데 우선순위를 부여했다. 그러나 행동당이 특정한 계급에 기초한 유기적 강령을 제시하지 않았다는 사실은, 기민당과 공산당처럼 사회계급의 근육을 가진 대규모 대중 정당들과 경쟁해야 하는 상황에서는 강점보다 단점이었을 것이다. 행동당원들은 특정한 사회계급의 승리보다는 새로운 정치 엘리트의 형성을 추구했다. 한편, 행동당은 대규모 기간산업의 국유화를 주장하면서도 중소기업의 자유로운 경쟁과 발전을 지지함으로써 중간계급의 역할과 중요성을 강조하기도 했다. 흥미로운 것은 행동당이 스스로 정당의 형태를 취하면서도 전체주의를 상기시킨다는 이유로 대중 정당 자체를 불신했다는 점이다. 그런 맥락에서 토리노의 지엘주의자들과 행동당원들은 전체주의 국가의 해독제로서 소비에트 국가 모델과 유사한 "평의회 국가"를 내세우기도 했다.[4]

이 대목에서 우리는 토리노에서 공장평의회 운동을 주도한 그람시의 체취를 느낄 수 있다. 토리노는 피아트로 대표되는 단일 산업과 피아트 노동자들로 상징되는 대규모의 집중된 프롤레타리아트의 존재감이 강렬한 도시였다. 그런 만큼 행동당의 전투적 자유주의자들에게도 노동운동과의 연대는 중요했다. 그래서 토리노의 지엘주의자인 안드레이스로 대표되는 "노동자주의자들operaisti"의 존재는 오히려 자연스러워 보인다. 이런 맥락에서 행동당의 "평의회 국가"라는 발상도 딱히 유별나게 보이지는 않는다. 또한 데루나는 행동당 정신의 한 특질로서 자코뱅주의적 성향을 강조하는데, 이는 그람시가 일관되게 부각하려 한 요소이기도 했다. 데루나에 따르면, 행동당의 자코뱅주의란 이론 연구나 철학에 대한 관심보다는 특정한 역사적 국면에서 구체적 강령과 그에 기초한 즉각적 행동을 통해 역사적 과정에 개입함으로써 변화를 "가속화"하거나 "앞당기는" 요소이다.[5] 실제로 그람시는 러시아 혁명을 "『자본』에 반대한 혁명"으로 해석함으로써 마르크스의 『자본』에 대한 결정론적인 해석을 배격하고 자코뱅적인 역사 해석과 혁명적 의지주의 철학의 생생한 사례를 제시했다.

그러나 행동당 정신에 그람시보다 더 큰 영향을 준 것은 다름 아닌 고베티의 사유와 기질이었을 것이다. 실로 거의 모든 지엘주의자와 행동당원이 고베티에게서 얼마나 많은 영감을 받았는지를 진솔하게 고백했다. 그런 고백을 듣고 있노라면 행동당 정신이 곧 고베티 정신이라는 등식을 떠올리게 될 정도이다. 행동당 특유의 의지주의적 행동주의나 자코뱅주의도 「단두대 찬가」의 고베티를 연상시킨다. 행동당을 감싸고 있는 고베티의 아우라를 명징하게 드러내는 증거는 많지만, 포아의 회고가 특히 인상적이다. 비토리오 포아는 토리노 출신의 지엘주의자이자 행동당원으로서 제헌의회 의원이었고, 행동당 해산 뒤에는 사회당 소속의 의원이자 노동운동 지도자로 활동한 이탈리아 진보 정치와 노동운동의 산증인이다. 포아는 자신을 일생 사로잡은 개념이 자유였고, 이 자유는 고베티에게서 영감받은 것이었다고 말한다. 심지어 자신은 고베티를 알기 전부터 고베티주의자였노라고 말한다. 포아에 따르면, 고베티에게 자유라는 것은 단순히 "개인적이고 집단적인 권리들의 보장"을 넘어서는 "해방되는 주체이자 해방의 과정이었다."[6]

포아는 고베티가 러시아 혁명을 "일종의 리트머스 시험지"로 보았다는 점을 강조한다. 즉 러시아 혁명을 해방으로 보느냐, 억압으로 보느냐가 정치적 태도의 분기점으로서 중요하다는 것이었다. 이 지점에서 자유와 사회주의의 관계가 쟁점화된다. 포아는 자신이 '정의와 자유'에 합류했을 때 지엘주의의 자유주의적 사회주의의 도식을 잘못 이해했다고 고백한다. 즉 자유주의와 사회주의의 관계에 대해 자유는 사회적 관심을 보여야 하고 사회주의는 자유에 대해 관심을 가져야 한다는 식의 **보충적** 관계로 안이하게 파악했다는 것이다. "사회주의는 사람들을 평등하게 만들기 위해 권위주의적으로 되고, 자유는 사람들을 자유롭게 만들기 위해 불평등하게 된다. 따라서 당시에 우리는 이 두 가지 긍정적 필요를 자유주의적 사회주의 속에 한데 통합했다." 그러나 이는 의도가 좋았을지는 모르나 "불충분하고 유토피아적인" 담론이었다. 나아가 포아는 자유주의와 사회주의의 관계를 **단계적** 관계로 파악한 당시의 담론도 자신과는 맞지 않았다고 회상한다. "그것은 진화에 기초해 있었다. 연속적이고 단선적인 통로에 따라 자유의 확립으로부터 민주주의의 확립으로, 또 이로부터 사회주의의 확립으로 진화하는 것이다."[7]

만일 자유주의와 사회주의가 보충적 관계도 아니고 단계적 관계도 아니라면, 양자는 어떤 관계를 맺고 있는가? 포아는 고베티에게 배운 자유의 개념을 이렇게 요약한다. "나는 자유가 해방이자 주체들의 팽창이며, 해방 과정의 동력은 집단 주체들의 인내 속에 있다고 생각했다. 이런 경로 때문에 사회주의는 자유의 문제 속에 통합되었다." 즉 사회주의는 자유＝해방, 곧 혁명의 일부였던 것이다. 이는 고베티 특유의

"혁명적 자유주의"라고 할 수 있다.[8] 포아는 다음과 같이 부연 설명한다. "그리하여 내게는 사회주의 이념이 더 이상 자유와 민주주의의 논리적 발전으로서가 아니라, 새롭고 다른 세계를 위한 집단적 단절과 쇄신의 결과로서 나타났다."[9] 이렇게 사회주의를 새롭고 다른 세계를 상상하는 확장된 **자유**로 보는 입장은, 행동당원들에 고유한 정신적 태도를 잘 보여준다. 즉 그들에게 자유주의와 사회주의는 단순히 정치 이데올로기가 아니라 도덕적 전망이었고, 그런 전망 속에서 행동당 정신은 이기적 자아보다는 더 큰 자아를, 법에 의해 통제되는 타율성보다는 스스로 법을 부여하는 자율성을 고무했다.

> 내게 '사회주의'라는 이 말은 정치적이기 전에 도덕적 지평의 열림으로서, 오늘 여기로부터 미래를 향해 투사되는 정의의 의지로서의 어떤 것을 뜻했다. 그 말은 **작은 것들에 머무는 것에 대한 거부**였다.[10]

위의 인용문에서 당장 "도덕적 지평"으로서 사회주의라는 표현이 모호하게 다가온다. 또한 현실사회주의가 붕괴한 지 한참이 지난 오늘날, 사회주의의 지평을 말하는 것이 어떤 의미가 있을지 의문이 든다. 나아가 큰 것과 진지한 것보다는 작은 것과 가벼운 것을 선호하는 오늘날, "작은 것들에 머무는 것에 대한 거부"라는 말도 다분히 시대착오적으로 들린다. 그러나 일찍이 고베티도 "우리의 결연한 반대"에는 "무언가 돈키호테적인 것"이 있다고 인정하지 않았던가. 일단 포아가 "지평"을 말하고 "미래"를 말한 것에 주목하자. 행동당 정신이 파시즘 시대의 산물임을 기억해야 한다. 지금의 현재는 파시즘에 패배했기에 반파시스트들은 "지평"과 "미래"를 봐야 하는 것이다. 아마 고베티주의자인 포아는 현재와 미래뿐만 아니라 과거도 보라고 말하고 싶었으리라. 고베티 자신이 이렇게 말하지 않았던가! "우리는 역사가 세대이다."[11] 현재의 패배를 극복하기 위해서는 가깝거나 먼 과거와 가깝거나 먼 미래를 동시에 조망해야 하리라. 현재는 패배했지만, 과거와 미래까지 패배한 것은 아닌 까닭이다. 그런 고베티의 시야에서는 평소와는 **다른** 것들이 보일 수 있는데, 이를 돈키호테의 시선이라고 말할 수 있을지 모른다. 그렇다면 돈키호테의 시선은 오히려 현재에 고정된 시야에서 해방된 진정한 **역사적** 관점일 수 있다.

다시 "작은 것들에 머무는 것에 대한 거부"로 돌아오면, 이 말은 나탈리아 긴츠부르그가 권고한 "큰 덕들"을 떠올리게 한다. 포아와 긴츠부르그의 태도가 크게 다르지 않다는 것은 그들 간의 각별한 우정을 기억한다면 거의 틀림없어 보인다. 포아는 행동당적인 성향과 기풍을 토리노적인 것으로 제시한다. 행동당 정신은 이미 도시의 품 안에서 잉태되었다는

나탈리아 긴츠부르그, 비토리오 포아, 노르베르토 보비오
(왼쪽부터)

듯이 말이다. 포아는 일찍이 토리노적인 것과 행동당적인 것을 접속한 카를로 레비의 말을 인용하면서 그에 전폭적으로 동의를 표한다. "토리노는 이념과 우정이 찬미되는 유덕한 도시이다. 이 도시에서 가로수 길들은 그렇게나 넓고 길며 텅 비어 있어 말들parole이 방해받지 않고 달리고 퍼지는 듯 보인다. 언제나 이 가로수 길들은, 이 고독한 거리들은 저 멀리 보이는 알프스의 산들처럼 높고 뾰족한, 중요한 것들에 대해 할 말이 있는 젊은이들을 향해 열려 있었다."[12] 여기서 "이념과 우정" "중요한 것들에 대해 말하기"는 나탈리아 긴츠부르그의 "큰 덕들"과 포아의 "작은 것들에 머무는 것에 대한 거부"와 더불어 토리노의 정체성을 이룬다. 그리고 이 정체성은 현실정치에서 차선이나 차악을 택하는 비교급의 정치보다는 자유의 이상에 기초한 **최상급의 정치**를 추구함으로써 결국 정치 대신 **윤리**를 택한 행동당의 정체성과 일치한다. 요컨대 불굴의 고베티주의자인 보비오에 따르면, 고베티주의의 핵심에도 "정치에 대한 현저하게 윤리적인 개념"과 "권력을 보유한 자들에게 끊임없이 위협받기에 끊임없이 방어되어야 할 지고의 가치로서 자유"가 있다.[13] 과연 행동당의 투사들이 말한 토리노의 덕성은 이 도시가 '고베티의 도시'임을 재차 증명한다.

에이나우디

행동당의 정치적 좌절은 내적으로 결합하기 힘든 이념들 사이의 갈등에서 예정되었다고 할 수 있지만, 외적으로는 냉전 체제가 안착하는 상황에서 기민당과 공산당 중 어느 한편에 속하지 않는 입장이 빠질 수밖에 없는 딜레마에서 비롯된 것이기도 하다. 데루나가 지적하듯이, 행동당의 사회 모델은 "각자는 제자리에"라는 계서제적이고 권위주의적인 원칙에 반대되는 것이었다. "행동당원들은—공산당＝노동계급, 기민당＝중간계급이라는 등식을 거부하면서—모든 사회적 울타리들과 방벽들을 재조정하고, 모든 정치적 균형을 뒤흔들며, 정의와 자유, 사회주의와 자본주의, 민족주의와 연방주의 등 화해하기 어려운 개념들의 화합을 시도했다."[14] 그런 점에서 냉전 시대에 자유민주주의 진영과 공산주의 진영을 화합시키는 것이 가능하지 않은 것처럼 자유와 사회주의를 화합시키려고 한 행동당도 생존할 법하지 않았다. 그러나 이탈리아 국내 정치의 경우에는 냉전적 성격의 단일 전선만 있었던 것이 아니다. 여기에 파시즘 대 반파시즘이라는 또 다른 전선이 겹쳐 있었음을 잊어서는 안 된다. 자유민주주의 대 공산주의 전선과 파시즘 대 반파시즘 전선으로 중첩된 복합적인 이

중 전선 속에는 혼종적 이념의 행동당이 냉전적 이분법의 틈새를 비집고 연속성을 유지하며 영향력을 행사할 공간이 있었던 것이다.

보비오는 그런 이중 전선 속에서 기민하고도 명철한 사유의 모험을 통해 행동당 정신의 연속성을 입증했다. 그는 고베티를 원점으로 하는 행동당 정신에 충실하게 "전투적 철학"을 표방하면서 반파시즘의 가치에서는 비타협적이고 정치적 의견에서는 개방적인 입장을 견지했다. 그는 반파시즘 투쟁의 주축인 공산주의를 포용하면서도 그에 흡수되지 않고 지식인의 불편부당성—단순히 중립적이지 않은—을 일관되게 옹호했다. 이런 성향을 두고 대부분의 논자들은 이미 행동당 자체가 일종의 "지식인 정당"을 이루었다고 보기도 한다. 특히 보비오는 "공산주의 사회가 자유주의적–부르주아적 사회의 상속자여야 하고, 상속자일 수 있다"라고 주장하면서 이탈리아공산당과 국제 공산주의에 대한 관심을 잃지 않고 자유주의적 신념을 지키고자 했다. 바꿔 말해, 보비오는 고베티적 자유주의자로서 공산주의자들과의 비판적 대화를 지속하려고 한 것이다. 이런 방식으로 보비오는 정치적으로 당파적이지 않은 전투적 지식인의 지위를 고수하려고 했다.[15] 이 비당파적 전투성의 개념에서 우리는 자유주의적 공산주의와 같은 행동당 특유의 형용모순과 다시 마주한다는 느낌이 드는데, 전투성이 정치와 이데올로기가 아니라 도덕과 문화의 영역에서 발휘되는 것임을 이해하면 개념의 모순은 생각보다 크지 않다. 그러나 정치적 지평이 끊임없이 도덕적 지평을 침범한 전후 이탈리아의 현실에서, 보비오와 같은 지식인들은 공산주의자들에게는 근엄하게 반동을 보호하는 "스위스 용병들"로 보이거나, 보수주의자들의 눈에는 공산주의자들에게 이용되는 "유용한 바보들"로 비칠 수 있었다.[16]

도르시에 따르면, 전후 토리노의 많은 지식인들은 반파시즘의 지향을 분명히 하면서 "행동당 정신의 군도群島를 헤치며 진보주의의 바다를 항해"했다.[17] 그들을 태운 배가 바로 토리노의 에이나우디 출판사였고, 배의 키를 쥔 선장이 에이나우디 출판사의 설립자인 줄리오 에이나우디였다. 토리노뿐 아니라, 이탈리아의 전후 문화는 에이나우디 출판사를 빼놓고 설명할 수 없다고 할 정도로 단일 출판사로서 그렇듯 막강한 영향력을 행사한 출판사는 드물다. 에이나우디의 역사는 파시즘 시대로 거슬러 올라간다. 1933년 11월 15일 에이나우디 출판사가 토리노 상업회의소에 등록되었다. 줄리오 에이나우디는 저명한 자유주의 경제학자이자 이탈리아 공화국의 제2대 대통령이 될 루이지 에이나우디의 막내아들이었다. 그는 파시즘 시대에 크로체가 라테르차 출판사Gius. Laterza & Figli를 주도하며 비순응적 도서들을 펴낸 방식으로 자유를 위한 투쟁을 이어가고 싶었다. 보비오의 표현을 빌리자면, 에이나우디가 출판사를 세운 것은 "토리노의 청년 문화에 자신의 목소리를 내기 위한 시간을 벌어주기 위해 좀더 적합하고 좀 덜 위험한 수단을 제공하고, 나아가 고베티적인 위대한 경험을 증발시키지 않게 하기" 위함이었다.[18] 에이나우디가 1935년부터 기획한 '역사문화 도서관' 시리즈는 앞에서도 언급한 고베티적 역사의식의 총화로서 출판사의 진정한 토대로 기능했다. 이 시리즈는 에이나우디의 첫번째 시리즈로서 단명한 다른 시리즈들과 달리 오래 지속될 터였다. 또한 에이나우디는 유럽과 미국의 책들도 활발히 번역 소개했는데, 스타인벡과 헤밍웨이 등이 이탈리아 청년들 사이에서 큰 인기를 끌었다. 작가 칼비노Italo Calvino는 헤밍웨이가 토리노 청년들 사이에서 신처럼 숭배되었노라 회고하기도 했다.[19]

한편, 칼비노로 말하자면 공산당 계열 가리발디 여단의 파르티잔 출신으로서 토리노에 정착한 뒤에는 잠시 에이나우디 출판사에서 일하기도 했다. 이때 칼비노는 파베세와 보비오, 나탈리아 긴츠부르그 등과 친교를 나누었다. 그는 공산당 기관지『루니타L'Unità』의 피에몬테판 기자로 일하기 위해 출판사를 떠났지만, 그 후로도 에이나우디와 칼비노는 협력자로서 많은 책들을 펴냈다. 칼비노의 사례는 두 가지 점에서 의미심장하다. 공산주의자 칼비노의 문학적 영웅이 헤밍웨이라는 점이 흥미롭고, 좌파와 문화를 연결시킨 것이 에이나우디 출판사라는 점 또한 주목할 만하다. 미국 문학은 질식할 듯한 파시즘 시대에 신선한 공기를 불어넣은 대서양에서 불어온 바람이었고, 에이나우디는 그 바람을 몰고 온 서풍의 신 제피로스였다. 칼비노는 토리노 출신도 아니고 곧 로마로 이주했지만, 누구보다도 토리노의 자식이었다. 이는 토리노의 에이나우디를 비롯한 지엘주의 지식인들과의 깊은 인연 때문만이 아니라 토리노 노동계급의 존재가 작가의 정신세계를 오랫동안 지배했기 때문이다. 행동당원에서 공산당원이 된 역사학자 스프리아노Paolo Spriano는 칼비노만큼 "구체적인 사회적 형상으로서의 노동자"에 대해 잘 알고 잘 쓰는 작가는 본 적이 없노라고 단언하기도 했다. 칼비노가 (스프리아노와 반대로) 공산주의에서 (그 자신의 표현을 빌리자면) "개량주의"로 전향한 후에도 그의 계급적 관심은 지속되었다.[20] 노동계급의 토리노, 행동당의 토리노는 위대한 작가의 요람이었던 셈이다.

에이나우디가 좌파와 문화를 연결한 가교였다는 점은 조금 더 자세히 설명할 필요가 있다. 에이나우디와 공산당의 미묘한 관계가 실마리가 된다. 당시 에이나우디는 이탈리아 공산당의 새로운 경전이 될 그람시의 수고들을 출간했다. 도르시는 에이나우디가 그람시의 저작을 출간한 것이야말로 "현대 이탈리아의 문화사와 정치사에서 거대한 중요성을 지닌… 작업"이라고 평한 바 있다. 주목할 점은 그람시의 수고들이 공산당의 공식 출판사인 리우니티Editori Riuniti가 아니라 토리노 출판사에서 출간되었다는 사실이다. 당시 리우니티는 마르크스와 엥겔스의 텍스트들을 찍고, 에이나우디는 그람시의 텍스트들을 펴내는 묘한 분업 구조가 정착했다. 공산당 서기장 톨리아티는 왜 그람시의 저작을 에이나우디에서 찍게 했을까? 이유는 톨리아티 특유의 문화 정책에서 찾을 수 있다. 당시 톨리아티는 반파시스트 지식인들을 공산당에 흡수하려는 정책을 적극적으로 펼치고 있었다. 그런 정책적 시각에서 보면 숱한 지식인들이 직간접적으로 관여한 "문화의 용광로"로서 에이나우디는 이상적 실험실일 수 있었다. 즉 그람시 수고들을 에이나우디에서 출간한 것은 이탈리아 문화에 대한 공산당의 헤게모니적 시도였던 것이다. 마찬가지로, 그것은 이탈리아의 좌파 문화에 대한 토리노 출판사의 헤게모니적 시도였다고 말할 수 있다. 요컨대 에이나우디와 공산당의 긴밀한 관계는 "이중의 헤게모니적 시도"의 결과였던 것이다.[21]

　　말하자면 에이나우디는 토리노의 진보적 지식인들과 공산당 사이의 일시적이고 독특한 문화적 동맹의 매개체였다. 이 동맹이 토리노 문화와 공산당 문화를 각기 독창적으로 만들어주었음은 의심의 여지가 없다. 당시가 냉전과 이데올로기적 대립이 본격화된 시절이었음을 고려하면, 그런 동맹은 더욱 예외적으로 보인다. 거듭 강조하거니와, 그런 동맹은 반파시즘의 합의가 존재했기 때문에 가능했다. 그러나 자유주의와 공산주의의 묘한 수렴은 파시즘 시대부터 시작되었다. 공산당이 1930년에 공개한 1926년 수고인 「남부 문제에 대한 몇 가지 주제들」에서 공산주의자 그람시는 자유주의자 고베티를 높이 평가했다. 고베티는 "공산주의자가 아니고 아마 공산주의자가 되지도 않겠지만, 프롤레타리아트의 사회적·역사적 위치를 이해하고 이 요소를 떠나서는 더 이상 생각을 전개할 수 없었던 인물이다."[22] 전후에도 자유주의자 보비오와 공산주의자 톨리아티는 여러 차례 논쟁을 벌였지만, 논쟁이 화해할 수 없는 적대로 이어진 적은 없었다. 양자 모두 서로를 대화 상대자로 인정했던 것이다. 그러나 행동당과 공산당의 문화적 밀월은 1956년 톨리아티가 "토리노의 에이나우디 세포의 반혁명가들"을 공격하면서 파경에 이르렀다. 헝가리 봉기에 대한 소련의 간섭이라는 정치적 상황 속에서 드러난 이탈리아공산당 지도부의 "비자유주의적이고 즈다노프주의적인 기류"가 몰려오면서 두 문화의 예외적인 공존과 혼종의 과정은 갑자기 중단되었다. 그럼에도 상호 교류의 영향은 지속되어 1960~70년대까지 적어도 토리노의 지식인 문화에서 "공산주의적 헤게모니에 대한 지엘주의적 대안"이 오랫동안 인정될 것이었다.[23]

토리노가 계속해서 뛰어난 지식인들을 배출했다는 사실은 이 도시의 문화적 힘을 증명한다. 그런 힘은 포아가 말한 토리노의 "다름diversità"을 통해 설명할 수 있다.[24] 토리노는 노동계급의 집중과 응축이라는 점에서 여타 도시들과 구별되고, 반파시스트 지식인들의 투쟁 전통도 남다르다. 토리노야말로 그람시가 말한 계급과 지식인의 유기적 관계를 잘 보여주는 무대였다. 물론 보비오가 말하듯이, 1950~60년대의 토리노는 더 이상 "이탈리아의 페트로그라드"가 아니라 "이탈리아의 디트로이트"였다. 그럼에도 혁명적 지식인들의 활력은 고갈되지 않았다. 예컨대 토리노 출신은 아니지만 토리노에 살며 산업과 계급을 관찰한 판치에리Raniero Panzieri는 1962년에 『붉은 수고Quaderni Rossi』를 펴내며 1968년의 운동과 1969년의 노동 투쟁을 준비했다. 그런가 하면 토리노 출신으로 피아트 창업자 아녤리의 자식들을 가르친 가정교사이기도 했던, 시인이자 정치가 안토니첼리는 행동당에서 공산당으로 적을 바꿔 활동하고 1968년부터는 독립 좌파의 상원의원을 역임했다. 이 일련의 과정에서 그는 보비오의 표현을 빌리면 "아래로부터의 해방에 대한 신념"을 통해 "진정한 고베티적 정신"을 드러낸 탁월한 지식인이었다. 안토니첼리는 "나는 고베티주의자인가?"라고 자문한 적이 있는데, 보비오는 자신에게 대신 답할 자격이 주어진다면 주저 없이 "그렇다"라고 말할 것이라고 했다.[25]

확실히, 판치에리는 그람시의 부활이고, 안토니첼리는 고베티의 현현처럼 보인다. 그렇게 보일 만큼 토리노는 고베티와 그람시의 불이 꺼지지 않은 도시였고, 그 잔불은 냉전 시대 이데올로기적 대립의 냉기까지 얼마간 데우면서 행동당과 공산당의 동행으로 이어졌다. 그러나 사보이아 왕조의 토리노와 리소르지멘토의 요람으로서의 토리노가 사라졌듯이, "이탈리아의 페트로그라드"도 퇴락했다. 남은 것은 "이탈리아의 디트로이트"였다. 새로운 토리노가 나타날 것인가? 보비오의 표현을 빌리면, 그러기는커녕 오히려 "낡은 토리노는 죽고 새로운 토리노는 태어나지 않은" 상황이 도래했다. 아니, 새로운 토리노가 탄생했으되, 세계의 다른 수천 개의 도시들과 마찬가지로 성급하고 광폭한 난개발 속에서 "기숙사-도시" 또는 "게토-도시"로 전락했다. 이로써 토리노는 "낡은 공간은 파괴되고 새로운 공간은 사산死産된" 현대 도시의 비극적 참상을 공유했다.[26] 그렇게 멜랑콜리가 과거의 열정에서 깨어난 토리노의 숙취로 남을 터였다. 이를 그람시의 유명한 표현을 차용하여 좀더 이론적으로 정식화하자면, "낡은 것은 죽고 새로운 것은 태어날 수 없는" 역사적 상황에서 멜랑콜리가 헤게모니를 대체할 것이었다.[27]

발레타

파시즘이 무너지고 전쟁의 참화가 휩쓸고 지난 자리에는 폐허만이 남았다. 피아트와 토리노도 마찬가지였다. 해방 직후인 1945년 4월 피아트사의 민족해방위원회CLN의 공산주의자 대표가 당시 피아트의 사실상의 최고경영자였던 발레타Vittorio Valletta에게 찾아가 회사를 접수하겠다고 선언했다. 그러나 혁명적 시기는 짧았고, 냉전이 시작되면서 피아트는 통제권을 되찾았다. 문제는 피아트와 파시즘의 협력이었다. 민족해방위원회는 아녤리와 발레타 등을 파시즘에 대한 협력 혐의로 기소하여 재판에 회부했다. 1945년 여름부터 초겨울까지 개최된 재판에서 발레타는 피아트의 반파시즘을 입증하는 많은 자료들을 제출하며 혐의를 부인하고 피아트의 정당성을 방어했다. 민족해방위원회가 붕괴하자, 재판은 열리지 않고 혐의는 무마되었다. 나중에 발레타는 파시즘에 대한 피아트의 협력을 "불가피한 것과의 협력"으로 규정했다.[28] 1945년 12월 아녤리가 사망하자, 누가 피아트를 이끌 것인지의 문제가 대두했다. 아녤리의 외아들 에도아르도는 이미 오래전 비행기 사고로 사망했고, 손주들은 아직 어렸다. 피아트 안팎에서 이 거대한 자동차 회사를 되살려 이끌고 갈 적임

자가 아넬리의 "집사"인 발레타밖에 없다는 합의가 이루어졌다.

전후 피아트의 키를 쥐게 된 발레타는 누구인가? 발레타는 1921년 4월 피아트에 입사한 후 아넬리의 신임을 받으며 승승장구하여 피아트의 이인자가 된 인물이다. 그는 소유주가 아닌 고용된 경영자의 위치에서 대기업의 전권을 행사한, 매우 드물게 보는 경우이다. 그는 소유주 아넬리와 그의 가족에 대한 절대적 충직함을 보이면서 전후 약 20년간 단독으로 피아트를 지배했고, 1966년 은퇴한 후에는 경영권을 고스란히 창업자의 장손인 잔니 아넬리에게 넘겨주었다. 경영권 인계 당시 발레타가 갖고 있던 피아트 주식은 1퍼센트도 안 되었다고 한다. 그는 은퇴 직후의 한 인터뷰에서 피아트를 떠난 후의 계획이 무엇이냐는 질문에 무엇을 해야 할지 모르기에 "가능한 빨리 죽는 것"이라고 답했다. 놀랍게도 이 말대로 되었는데, 발레타는 이듬해 사망했다.

발레타에게는 서로 연관된 두 가지 이미지가 있다. 하나는 철두철미한 생산주의자의 이미지이다. 그는 이탈리아와 같은 후발국이 발전하려면 무엇보다 생산을 늘려야 하고, 다른 선발국들과의 경쟁을 피할 수 있는 틈새시장을 파고들어 거기서 비교 우위를 확보해야 한다고 생각했다. 그가 찾아낸 틈새는 저렴한 가격의 실용적 경차 시장이었다. 그는 1951년의 피아트 주주총회에서 이렇게 말했다. "저렴하고 유지가 쉬운 실용차는 항상 피아트 생산에서 우선권을 갖습니다. 왜냐하면 경제적으로 후진적인 나라에서 오직 그런 차만이 주민들에게 다가갈 수 있기 때문입니다."[29] 피아트의 대표적인 경차인 '500(친퀘첸토)'과 '600(세이첸토)'은 피아트의 재건과 이탈리아의 "경제 기적"을 상징하는 차종으로서 "세상에서 가장 경제적인 두 개 모델"이었다.[30]

또한 발레타는 피아트가 상승세를 탔던 1960년에도 주변의 만류에도 불구하고 생산력을 두 배 이상 끌어올리려고 했는데, 이를 정당화한 근거는 다음과 같았다. "피아트가 항상 견지해온 방식에 따라 시장 수요가 가시화되기 훨씬 전에 대부분의 생산 설비가 가동될 수 있도록 준비하기 위해서는 가장 빠른 시일 내에 생산 설비를 완비해야 한다는 것이 우리의 견해입니다."[31] 생산, 생산, 생산. 이것이 발레타의 모토였다. 1955년에 출시된 '600'은 1970년까지 260만 대 이상 생산되었고, 1957년에 나온 '500'은 1975년까지 370만 대 이상 생산되었다. 이 두 개 경차가 도합 630만 대 이상 생산된 것이다.[32] 그리하여 1968년 시점에 피아트는 세계 자동차 생산의 6.6퍼센트를, 유럽경제공동체EEC 안에서는 21퍼센트를 차지했다.[33] 창업자 아녤리의 꿈인 "자동차 대중화motorization"가 완벽하게 실현된 셈이다. 한 역사학자의 표현을 빌리자면, 전후 피아트의 경제적 마법이 성공할 수 있었던 것은 "발레타식 민족적 생산주의" 모델 때문이었다.[34]

1957년에 출시된 이탈리아 "경제 기적"의 상징, 피아트 500
(토리노 국립 자동차 박물관, 촬영: 장문석)

발레타의 또 다른 이미지는 반공산주의자의 그것이다. 발레타의 사망 당시 부음을 전한 공산당 기관지『루니타』는 제1면에서 그를 "계급의 적대자"로 규정했다.[35] 발레타는 비타협적인 생산주의자였지만, 생산 활동의 대전제로서 노동의 규율을 극단적으로 강조했다. 이는 아녤리에게서 배운 것이기도 했고, 어린 시절부터 늘 풀을 먹여 빳빳하게 세운 셔츠 깃의 고통을 견딘, "노동의 종교"를 가진 사람의 본능이기도 했다.[36] 그는 전후 피아트를 재건하면서 전투적 공산주의자들과 "소요 분자들"을 공장에서 몰아내거나, 해고가 불가능하면 다른 부속 공장들로 추방함으로써 "규율과 생산성, 개인적 성과, 회사에 대한 충성심"에 따른 공장 규칙을 확립했다.[37] 1954년 2월 4일 주이탈리아 미국 대사인 루스Clare Boothe Luce와의 로마 접견에서 대사가 피아트 내부의 공산주의 세력에 대한 우려를 표하며 강력한 반공산주의 정책의 필요를 제기했을 때, 발레타는 이에 전폭적으로 동의하며 반공산주의 정책을 추진했다. 기실, 피아트 경영진은 오랫동안 노동자들을 감시하고 통제했다. 1971년의 한 조사는 피아트 경영진이 1949년부터 1971년까지 노동자들과 관련된 문서 파일을 35만 4,077개나 생산했음을 폭로했다. 이 중 20만 3,422개는 1950년대와 60년대에 생산된 것이고, 1967~71년에 생산된 것은 15만 655개였다.[38] 비록 발레타는 1962년에 중도좌파 정부를 지지했고, 노동자들에 대한 적극적인 사내 복지

정책을 펼쳐서 이탈리아 최초의 축소판 '복지국가'를 수립했다는 다소 과장된 평가를 얻기도 했지만, 공산주의자들이나 좌파 노동조합과는 정면충돌을 불사하며 일절 타협하지 않았다.

과연 피아트는 힘의 논리가 지배한 공간이었다. 발레타는 피아트가 '권위'와 '규율'을 통한 '노동'과 '생산'의 공동체가 되기를 원했다. 이는 절대적 원칙이었다. 조금이라도 이의를 제기하는 자는 피아트에 머물 수 없었다. 발레타는 "피아트의 아빠Papà Fiat"로서 노동자들을 자식처럼 품어줄 테지만, 자식은 무조건 아버지에게 고개를 숙여야 했다. 즉 복종이 우선이고, 돌봄은 나중이었다. 노동사가 무소Stefano Musso도 피아트에서는 그 어떤 협상이나 타협도 없었음을 확인하면서 동의와 지도를 통한 **헤게모니적 관계**가 아니라 오직 강제와 지배를 통한 **힘의 관계**만이 존재했던, 흡사 자연 상태와 같은 황량한 공간이었음을 증언하고 있다. "발레타의 피아트는 노동자들을 때려눕히기를 원했다. 아무 규칙도 없는 상태에서 힘의 관계만이 지배했다."[39]

그러나 조금만 더 공정하게 말하면, 발레타에게는 사회주의 친화적 요소도 있었는데, 일부 논자들은 발레타주의에서 "데아미치스 유의 의고적인 사회주의"를 발견하기도 한다. 『쿠오레』의 저자인 데아미치스Edmondo De Amicis는 소부르주아 출신의 사관학교를 나온 하급장교로서 이탈리아 통일전쟁에서 싸웠던 민족주의자였는데, 그의 이념은 점점 사회주의 성향이 짙어졌다. 당연히도, 그의 사회주의는 마르크스주의에 입각한 사회주의는 아니었는데, 자본과 노동의 협력과 "위대한 프롤레타리아"라는 다소 모호한 도덕적 이념에 기초해 있었다. 발레타 역시 군인 가정 출신으로서 자본과 노동의 공동 운명을 믿고 소박하고 절제된 서민적 풍모를 지녔다. 따라서 그가 외적으로 파시즘과 사회민주주의(사회당), 심지어 공산주의(공산당)와 유연한 관계를 맺을 수 있었던 것도 단지 정치적 가장의 기술 때문이 아니라 사회주의적이거나 포퓰리즘적인 성향 때문이라는 시각도 있을 수 있다. 그러나 이보다 더욱 그럴듯한 해석은 발레타가 공장 안의 공산주의자는 용서하지 않았지만, 공장 밖의 정치 세력으로서 서유럽 최대의 이탈리아공산당은 사업에 필요한 정치적 영역의 대화 상대자로 인정했다는 것이다.

그러나 내밀한 생각이야 어떻든 간에 발레타의 사회주의나 포퓰리즘에 대해 섣불리 말하는 것은 스캔들이 될 수 있다. 설령 그렇게 말할 수 있다손 치더라도, 그런 이념적 요소가 민중의 자기 해방을 추구한 것이 아니라 철저하게 계서제적이고 권위적인 도덕성에 바탕을 둔 것이었음은 두말할 나위가 없을 것이다. 발레타의 전기 작가인 바이라티Piero Bairati는 그의 이념을 "포퓰리즘적 민족주의"로 요약하기도 했는데, 이 표현도 정치적인 것이 아니라 전형적인 후발국 기

업가로서 불가피하게 갖게 된 모종의 태도나 성향을 가리키는 것으로 이해해야 할 것이다.[40]

발레타의 피아트는 노동자들과의 관계에서만 힘의 논리를 고집한 것은 아니다. 이탈리아 국가와의 관계에서도 헤게모니적 관계보다는 힘의 관계가 우세했다. 권력의 정점에 있던 발레타는 일주일에 한 번은 반드시 로마에 가서 장관들을 방문했다. 그는 밤에 침대차를 타고 토리노를 출발해 아침 일찍 로마에 도착한 뒤, 잠시 휴식을 취한 후 장관들을 차례로 만나 피아트의 요구를 전달하고 다시 침대차로 토리노에 돌아왔다. 그만큼 발레타의 힘은 대단했다. 포아는 이탈리아 노동총동맹CGIL의 총서기로 활동했을 때 겪은 흥미로운 일화를 들려준다. 당시 그는 피아트의 심각한 횡포를 중지시키려고 노동부 장관인 비고렐리Ezio Vigorelli를 면담했다. 장관은 포아의 항의를 듣고 나서 잔뜩 눈썹을 찌푸리며 종을 울려 비서를 불렀다. 비서가 들어오자, 비고렐리는 장관답게 짐짓 근엄한 표정을 지으며 이렇게 지시했다. "발레타 교수에게 내가 할 말이 있으니 로마에 오라고 전화하게." 이 말을 들은 비서의 표정은 포아에게 잊을 수 없는 것이었다. 비서는 망연자실하고 경악스럽다는 표정으로 눈을 휘둥그레 치켜떴다. 비서의 눈에서 장관이 미친 것이 아닐까 하는 의심을 읽었다고 포아는 회상한다. 장관도 곧 비서의 생각을 눈치 챘고, 자신이 항상 장관의 역할을 연기할 수는 없다는 사실을 깨달았다.

장관은 다시 정정하여 말했다. "발레타 교수가 로마에 와서 내가 만날 수 있다면 기쁘겠다고 피아트에 알려주게."[41] 피아트와 노동자의 관계처럼 피아트와 국가도 **헤게모니**가 아닌 **힘**의 논리가 관철된 관계였다. 이것이 포아가 우습지만 씁쓸한 기억 너머의 일화를 끄집어내고서 내린 결론이었다.

피아트는 노동자들 및 국가와 그런 일방적이고 권위적인 관계를 통해 사회정치적 안정을 추구한 뒤 더 많은 생산을 위해 생산 과정을 철저히 포드주의적으로 재편했다. 발레타는 창업자의 이념을 충실히 계승하면서 "포드처럼 하자"는 구호를 성경 말씀처럼 섬겼다. 앞서도 언급했지만, 발레타에게는 이탈리아의 상대적 후진성에 대한 날카로운 감각이 항상 곤두서 있었다. 이탈리아의 자동차 시장이 협소했으니, 포드주의도 미국과 똑같을 수는 없었다. 그리하여 발레타는 자신의 '주군' 아녤리의 포드주의적 이상을 나름대로 해석했다. 즉 네 명의 노동자 가장이 자동차를 공동 구매하여 주중에는 함께 출퇴근하며 주말에는 네 가정이 순번대로 번갈아 이용하는, 이른바 "가난한 자의 포드주의"가 바로 그것이었다. 그렇게 창의적이지는 않아도 포드주의에 대한 피아트 특유의 집념을 읽어낼 수 있는 대목이다.[42]

1958~63년의 "경제 기적"과 그 이후의 지속적인 성장 국면에서 이탈리아 경제가 눈부시게 발전하면서 피아트식 포드주의가 보인 영세함도 곧 사라질 터였다. 당시 모든 분

야에서 생산과 소비가 폭발적으로 증가하여, 이탈리아는 가령 냉장고와 세탁기 부문에서 유럽 최대 생산국이 되었고, 자동차 수도 1950년 36만 4천 대에서 1964년 467만 대로 급증했다. 이탈리아 도로들은 피아트 자동차 '500'과 '600,' 그리고 '베스파Vespa'와 '람브레타Lambretta' 같은 스쿠터들로 가득 찼다. 그런 가운데 1950년에 10만 대 정도였던 피아트의 생산량은 1966년에 150만 대 이상으로 격증했다. 피아트 종업원 수도 14만 4천 명에 이르렀고, 총국민소득에서 피아트가 차지한 비율도 5퍼센트에 달했다.[43] 피아트 노동자 수만 따로 살펴도, 1951년에 4만 7천 명이던 것이 1971년에는 11만 5천 명으로 뛰었다. 이는 토리노 전체 노동자 수의 절반을 넘는 수치였다. 더 나아가 토리노의 상업 및 서비스 부문의 80퍼센트 이상이 피아트와 직간접적으로 결부되어 있었다. 토리노 코무네comune 단위의 경제와 행정은 "피아트 지도부의 암묵적 승인 없이" 돌아가지 않았다.[44] 하기야 국가조차도 발레타의 눈치를 봐야 하는 판국에 일개 자치체야 더 말할 필요가 있겠는가?

눈부신 경제 성장으로 자동차 수요가 폭증하자, 피아트는 주력 공장인 토리노의 링고토와 미라피오리 외에도 1967년 토리노 근교의 리발타Rivalta와 1968년 나폴리 근교의 포밀리아노Pomigliano 등지에 속속 공장을 건립했다. 결국 1993년에는 남부 바실리카타주의 멜피Melfi에 자동화된 하이테크 공장을 세우기에 이르렀다. 해외에서도 피아트는 폴란드와 소련 등지에 대규모 공장을 세워 국내 시장의 한계를 극복하고자 했다. 이 국내외 공장들은 테일러주의와 포드주의를 적용하여 완벽한 연속 생산 공정을 통해 자동차의 대량생산을 실현하도록 설계되었다. 예컨대 1960년대 말의 미라피오리 공장은 컨베이어벨트의 속도를 올리며 끊임없이 가동되는 자동 공장처럼 보인다. 도장부의 한 신참 노동자는 "도료 먼지와 냄새, 나중에 알코올로 지울 수 있도록 얼굴에 바른 바셀린에 익숙한 채" "밖에 비가 오나 눈이 오나, 아니면 해가 쨍하거나 언제나 똑같은 불빛" 아래에서 일했다고 회상했다.[45] 공정 속도가 어찌나 빠른지 도장부에는 갓 용광로에서 나온 뜨거운 차체들이 운반되어 왔다. 그렇기에 도장 노동자들은 늘 손에 화상을 입은 상태로 일했는데, 일이 끝난 후에는 손가락이 벌겋게 부어오르기 일쑤였다.[46]

　이런 노동 환경에서 노동자들은 피아트에 대해 애증의 감정을 느낀 것으로 보인다. 그들은 한편으로 새로운 공장에서 일하며 자동차라는 문명의 이기를 생산한다는 자부심을 느끼면서도, 다른 한편으로 고단한 노동과 엄혹한 규율을 혐오했다. 특히 남부에서 이주한 노동자들은 새로운 노동에 적응하기 힘들었는데, 특히 단조로운 라인 노동에 종사하며 "원숭이도 할 수 있는" 일을 한다는 자괴감에 시달렸다.[47] 또한 이주 노동자들은 남부 출신에 대한 인종적·문화적 차별까지 감수해야 했다. 역사학자 레비Fabio Levi에 따르면, 발레타 체제는 인간을 "공장 체제에 엄격하게 통합된 생산자"로 보는 이데올로기에 기초했다. 또한 발레타주의는 이민자들 스스로가 생계를 위해 기꺼이 생산자의 지위를 받아들였다고 믿고 이들에 대해 인간 노동의 한계까지 밀어붙이는 가운데 "진정한 **인종주의**의 태도를 정당화한" 체제였다.[48]

1950년대와 60년대에 이탈리아 전체로 보면 대략 300만 명의 남부인들이 북부로 이주한 것으로 알려졌는데, 피아트의 경우도 자동차 시장의 호황에 힘입어 남부 이민자들로 노동력을 충원하기 시작했다. 토리노에서는 1960년대 초가 되면 남부 출신 노동자들이 상당한 비율을 차지하면서 공장 파업과 도시 폭동—가령 1962년 7월 7~9일의 '스타투토 광장 사태fatti di Piazza Statuto'—의 중핵으로 부상하고 있었다. 피아트에서는 1968~69년에 연간 1만 5천에서 2만 명의 노동자들을 신규 채용했는데, 이 신참들은 자신들이 3등급 노동자의 운명에서 결코 벗어날 수 없으리라고 좌절하며 조만간 열악한 일과 삶의 조건들에서 누적된 불만을 거칠게 표출할 것이었다.

톨리아티그라드

피아트는 초지일관 국내 시장의 독점을 추구했다. 적어도 내 구역에서만큼은 골목대장으로 군림하고자 했던 것이다. 그리하여 피아트는 1969년에 란치아와 페라리Ferrari를, 1986년에는 알파로메오를 인수했다. 피아트는 이웃 나라 프랑스의 시트로엥Citroën까지 인수하려고 시도했으나, 드골 대통령의 반대로 뜻을 이루지 못했다. 이 토리노 자동차 기업은 남의 구역에서도 골목대장까지는 아니더라도 행동대장 노릇을 하려는 야심을 일찍부터 드러냈다. 문제는 남의 구역들 중 상대적으로 저항이 약해 침투가 용이한 곳을 고르는 일이었다. 그리하여 미국과의 경쟁을 피하기 위해 차종의 틈새시장으로서 경차 시장을 공략했던 것과 마찬가지로, 미국과 경쟁하지 않을 수 있는 해외의 틈새시장으로 소련과 동유럽 시장을 개척하려고 했다. 피아트의 역사에서 소련과의 특별한 관계는 1929년으로 거슬러 올라간다. 당시 피아트는 소련의 경제개발 5개년 계획에 발맞춰 소련 진출을 서둘러, 1930년 5월 소련 정부와 볼베어링 공장 설립 계약을 체결했다. 이 공장은 2년 후 개장식을 가졌는데, 당시 유럽 전체에서 생산된 볼베어링의 개수가 하루 12만 개였던 상황에서 3만 개의 볼베어

링을 생산할 수 있었으니 가히 그 규모를 짐작하고도 남음이
있다.[49]

피아트의 소련 진출에서 가장 유명한 사건은, 피아트가
볼가 강변에 자동차를 생산하는 거대한 공장-도시 톨리아티
그라드Togliattigrad를 세운 일이다. 건설 사업이 논의되던 때
사망한 이탈리아공산당 서기장 톨리아티의 이름을 딴 이 공
장-도시의 역사적인 건설 계약은 1965년 7월 1일 모스크바
에서 발레타와 루드네프Konstantin Rudnev 장관 사이에서 체결
되었다. 합의각서에 따르면, 피아트는 "소련의 기후 조건과
도로 사정에서 내구성 있게 구동할 수 있는 경제적 자동차 모
델을 새로운 공장에서 생산하는 과정에서 소련 측의 요구에
따라 필요한 자문과 지원을 제공할" 책임이 있었다. 새로운
공장은 연간 70만 대의 자동차를 생산할 수 있어야 했고, 최
대 영하 50도의 추위에도 견딜 수 있는 자동차를 제작해야 했
다. 문제는 차종을 결정하는 것이었는데, 소련과 토리노 기업
양측은 1,100~1,300cc 선에서 합의를 보았고, 소련 수상 코시
긴Alexei Kosygin이 좋아했다고 하는 피아트 '124'를 모델로 선
택했다.[50]

1966년 8월 15일 모스크바에서 발레타와 타라소프
Aleksandr Tarasov 장관이 최종 합의각서에 날인했다. 톨리아
티그라드는 20만 명이 거주할 수 있는 거대한 규모의 도시
였고, 건설 사업을 위해 5만 명의 노동자가 동원되었다. 이

집트 파라오의 대공사를 연상시킨 이 사업은 피아트에게는 하늘에서 떨어진 만나였다. 더 중요한 것은 냉전 시대에 서방 기업이 소련에서 그런 대역사를 일으킬 수도 있다는 경이로운 이미지를 확산했다는 점이다. 영국의『파이낸셜 타임스*Financial Times*』는 이 사업을 가리켜 "어떤 관점에서 봐도 예외적인 사건"으로 간주될 수 있다고 촌평했다. 피아트 문서고의 기록 필름에는 이탈리아 기술진과 소련 노동자들로 보이는 이들이 편을 갈라 축구 시합을 하는 장면이 나오는데, 그때가 냉전 시대였음을 상기하면 그런 모습은 참으로 생경하게 다가온다. 마침내 1970년 4월 22일 톨리아티그라드가 완공식을 치렀고, 9월 10일 피아트 '124'와 꼭 닮은 튼튼하고 저렴한 최초의 '지굴리Zhiguli' 자동차가 탄생했다. 이 지굴리 시리즈는 2012년까지 생산될 것이었다.[51]

피아트에게 소련 진출은 발레타의 원대한 "동방 정책 Ostpolitik"의 유기적 일부였다. 이 독일어 표현은 카스트로노보가 은유적으로 차용한 것인데, "동방 정책"이란 곧 동유럽을 비롯해 아프리카와 라틴아메리카 등의 지역들, 그러니까 넓은 의미에서 '제3세계'라고 불릴 수 있는 지역들로의 진출 전략을 포괄적으로 뜻한다. 피아트는 이미 1962년에 유고슬라비아에 자동차 공장을 세웠고, 다음 해에는 아르헨티나와 터키에도 공장을 건립했다. 그런가 하면 피아트는 가나와 수단, 이란의 댐 건설에 참여했고, 모로코에서는 터널 공사를,

냉전 시대 소련 속의 피아트,
톨리아티그라드(피아트 문서고)

이집트에서는 개간 사업을, 라이베리아와 에티오피아에서는 공장 건설을 진행했다. 또한 케냐와 탄자니아, 나이지리아, 아르헨티나에서는 도로 공사를 전개했고, 소말리아의 모가디슈에서는 공항 건설을 주도했다. 그런 점에서 소련의 톨리아티그라드는 이 모든 "동방 정책"의 성과들을 집대성한 것이었다고 하겠다.[52]

확실히, 선발국들과의 경쟁을 피하여 새로운 지역을 개척하는 발레타의 능력은 탄복을 자아낸다. 아마도 그런 선택은 원해서라기보다는 어쩔 수 없는 것이었겠지만, 불가피함을 즐길 수 있는 능력은 아무에게나 허락된 것은 아니다. 그런 역량은 역사학자들에게도 강한 인상을 심어주었다. 예컨대 라나로Silvio Lanaro에 따르면, 피아트의 발레타와 이탈리아 국영 정유회사 에니ENI의 회장 마테이Enrico Mattei야말로 전형적인 이탈리아 기업가들이었다. 마테이로 말하자면, 레지스탕스에서 기민당 계열 파르티잔 지도자로 활동했던 역전의 용사로서 기민당이 공산당이나 행동당의 화려한 반파시즘 전력에 뒤지지 않게 내세울 수 있는 반파시스트였다. 그는 미국과 영국의 정유회사들—"7공주"—과 경쟁하며 이집트와 리비아, 소련 등지로 저돌적으로 진출했는데, 1962년 밀라노 근방에서 의문의 비행기 사고로 사망했다. 라나로는 발레타와 마테이 같은 기업가들이 "스스로를 '프롤레타리아 민족들'의 당연한 보호자라고 느끼면서 이 민족들에 대해 후

발국late-joiner의 전형적인 호감"을 드러냈다고 본다.[53] 이 판단을 존중하면, 피아트의 동방 진출은 틈새시장 전략뿐만 아니라 **이데올로기적** 친화성의 산물이기도 하다. 오해를 피하기 위해 한마디 덧붙이면, 이때의 이데올로기란 정치적인 것이 아니라 '민족'과 '민중,' '노동'과 '생산'을 강조하는 후발국의 개발 이데올로기로 이해하면 무리가 없을 것이다.

4장
내 생애 최고의 해

뜨거운 가을

1969년 토리노의 가을은 뜨거웠다. 9월 2일 피아트의 주력 공장인 미라피오리의 제32작업장이 파업에 돌입했다. 800여 명의 노동자들이 스크럼을 짜고 생산을 방해하자, 다른 작업장들은 재고품으로 작업하다가 이마저 바닥나자 결국 생산을 중지할 수밖에 없었다. 노동조합이 뒤늦게 3시간 파업을 선포하면서 투쟁이 확산되기 시작했다. "뜨거운 가을"이 시작된 것이다. 그러나 가을의 전조는 이미 봄부터 나타났다. 4월 11일 1만 5천여 명이 모인 가운데 대규모 파업이 일어난 것이다. 봄의 기운은 여름까지 이어져, 6~7월 두 달만 해도 파업과 결근으로 인한 노동 손실 시간이 110만 시간에 달했고, 자동차 생산 손실 대수도 4만 대에 육박했다. 통계를 1969년 전체로 확대하면, 토리노의 세 주력 공장인 미라피오리와 링고토, 리발타에 한정할 경우 전체 노동자 수 6만 5,152명을 기준으로 노동 손실 시간은 900만 시간에 달했고, 생산 손실은 5분의 1 이상이었던 것으로 추정된다. 이에 경영 실적도 1968년의 340억 리라에서 1969년 130억 리라로 급감했다. 이런 통계만으로도 "뜨거운 가을"의 충격을 쉬이 짐작할 수 있다. 물론 "뜨거운 가을"이 피아트에 국한된 것은 아니

지만, 피아트야말로 중심 무대였다.[1]

그런데 "뜨거운 가을"이 보여준 일련의 장면들에서 가장 우리의 눈길을 끄는 것은 한 부서의 파업이 일어나면 이것이 도미노처럼 다른 부서들의 생산을 중단시키면서 파업이 전염병처럼 퍼지는 모습이다. 이 모습에서 우리는 테일러주의와 포드주의에 내재한 어떤 본질적 약점을 간파할 수 있다. 많은 논자들이 지적하듯이, 세분화된 작업과 연속 공정을 통해 유기적으로 연결된 미라피오리와 같은 거대 공장에서 노동자들은 특정 부서에서의 단순한 방해 작업만으로도 손쉽게 전체 공정을 마비시킬 수 있음을 본능적으로 깨닫고 있었다. 즉 조립라인의 한 지점에만 살짝 개입해도 전체 라인이 멈추는 것이었다. 여기서 강력하게 추정할 수 있는 것은 노동자들이 거대한 구조를 쓰러뜨릴 수 있는 자신들의 힘을 실감했으리라는 점이다.

이로부터 새로운 투쟁 형태들이 선보였다. 무엇보다 여러 부서가 교대로 조업과 파업을 번갈아 하는 "체스판 파업"이 있는데, 이는 소규모 유격전과 비슷하다고 하여 "게릴라 파업" 또는 파도타기 모습을 연상시킨다고 하여 "파상波狀 파업"이라고도 불린다. 또한 노조의 사전 허락을 받지 않고 돌발적으로 시작하는 비공식 파업으로서 "살쾡이 파업"도 있고, 한 부서나 여러 부서의 일시적 점거 등의 투쟁 형태도 있다. 이처럼 당시에 등장한 새로운 노동자 투쟁의 양상들은 포드주의적 조립라인의 약점을 파악한 노동자들의 자생적 인식의 결과일 수도 있고, 프랑스의 1968년 5월 투쟁 이래 학생운동의 투쟁 형태로부터 영향을 받은 것이기도 하다.[2]

이미 앞에서 말했듯이, 발레타식의 포드주의는 자동차를 더 많이, 더 빨리 생산하는 것을 지상 명제로 하는 극단적 생산주의였다. 이를 위해 발레타는 피아트 노동자들에게 철의 규율을 요구했고, 공장에서 모든 좌익 노동자를 해고하고 파업을 절대적으로 금지했다. 노동력 충원에서도 충성과 복종을 인정받은 기성 노동자들의 추천이나 검증을 받은 사람들을 선호했고, 채용 과정도 까다롭고 엄격했다. 발레타가 이끈 피아트 경영진은 자신의 노동자들이 누구인지 확실히 알고 싶어 했던 것이다. 앞에서도 예시한 35만 4,077개의 노동자 파일은 그런 앎에의 의지를 상징한다. 그런 감시와 통제의 촘촘한 네트워크와 더불어 컨베이어벨트는 쉼 없이, 점점 더 속도를 올리며 돌아가고 있었다. 피아트의 노동자들은 조립라인을 "항상, 끊임없이 돈다"라고 묘사했다.[3]

미라피오리는 말하자면 포드주의 공장의 이념형 자체였던 셈이다. 그런 점에서 발레타의 포드주의는 이탈리아의 "경제 기적"을 낳았지만, 기적의 이면에는 펄펄 끓는 용광로와 윙윙 도는 컨베이어벨트의 열기와 소음이 있었다. 노동자들을 생리적 한계까지 몰아붙이는 노동 리듬과 반복 작업은 노동자들을 신체적으로나 정신적으로 황폐하게 만들었다.

피아트 미라피오리 공장의 조립라인(1950)

그렇다면 프랑스의 "앙시앵레짐"을 연상시키는 발레타 체제가 노동자들의 "굽은 등"과 더불어 "상퀼로트"를 방불케 하는 과격한 혁명적 군중을 낳았다는 식의 비유가 결코 지나쳐 보이지는 않는다.[4] 그리고 앙시앵레짐과 상퀼로트 사이에는 오로지 힘의 관계가 지배했다. 이는 마르크스가 일찍이 「가치, 가격, 이윤」에서 말한 논리의 복제판이었다. "자본가에게는 늘 임금을 육체적 최솟값으로 삭감하고 노동일을 그 육체적 최댓값에 이르게 하려는 경향이 있는 한편, 노동자에게는 늘 그 반대 방향으로 압력을 가하려는 경향이 있다. 문제는 전투를 벌이는 그 각각의 **힘의 문제**로 귀착된다."[5]

그렇다면 발레타주의는 일종의 부메랑이 되어 "뜨거운 가을"로 돌아와 피아트 경영진을 타격했다고 할 수 있다. 경영진은 노동자들이 잘 알고 있었던 사실, 즉 소규모 "체스판 파업"만으로도 전체 공장을 마비시킬 수 있음을 몰랐던 것 같다. 피아트의 인력 담당 이사였던 칼리에리Carlo Callieri는 피아트 공장이 당장의 생산을 위해 눈앞의 일만 처리하는 관성이 지배한 세계, 즉 "관료적 조립라인"이었다고 비판하기도 했다.[6] 칼리에리의 판단을 신뢰한다면, 노동자들이 오히려 경영진보다 앎과 힘에서 우위에 있었던 것으로 보인다. 당시 노동자들은 다윗의 돌팔매질에 쓰러지는 골리앗과 같은 포드주의 체제의 약점은 물론이요, 돌팔매질의 시늉을 하는 것만으로도 경영진과의 관계에서 교섭력이 높아짐을 잘 알고 있었기 때문이다. 그뿐만 아니라 노동자들은 한두 개의 작업팀이 조립라인의 약한 지점에서 조업을 중단하는 것만으로도 큰 타격을 줄 수 있음을 알았기 때문에 굳이 노조에 의지할 필요를 느끼지 않았다. 노조와 노동자들의 관계가 바뀐 것이다. 이것이 "노동자 자율성autonomia operaia"이 제기된 배경이다.

노동자들의 자율주의를 잘 보여주는 것이 바로 직장위원delegato di reparto과 이들로 구성된 공장평의회였다. 직장위원과 공장평의회의 기원은 상당히 오래전으로 거슬러 올라가지만 큰 영향력을 행사한 것은 "뜨거운 가을" 이후이다. 직장위원들은 노동자들의 직접 투표로 선출되어 종래의 내부위원회를 대신했다. 내부위원들이 기성의 노조 단체들의 노선에 종속된 채 실질적인 교섭권 없이 노사 협약이 잘 준수되는지 점검하는 역할에 국한되었다면, 직장위원은 각 부서와 작업장 수준에서 선출되어 기층 노동자들의 상황을 잘 파악한 상태인 만큼 내부위원보다 좀더 전투적인 성향을 갖고 있었고 잇따른 파업과 협상 과정에서 점차 교섭권과 대표권을 인정받게 되었다. 당시 가톨릭 계열 노동단체의 투사이자 피아트 내부위원이었던 게도Mario Gheddo는 내부위원에 대한 직장위원의 공격을 아버지에 대한 아들의 반란으로 이해하기도 했다. 이제 노동자들은 아버지의 잔소리를 듣기 싫어하는 장성한 아들이었던 셈이다. 게도를 더 놀라게 한 것은 그런 아들들이 험한 세상을 살아온 역전의 혁명가들인 아버지들을 오히려 혁명의 불길을 끄는 "소방수"로 여긴다는 사실이었다.[7] 이처럼 "뜨거운 가을"은 계급 갈등과 세대 갈등이 교차하면서 종래와는 다른 갈등의 축선들을 긋고 있었다.

피아트 노동자들 사이에서 세대 갈등의 문제를 이해하려면 "경제 기적" 시기에 남부에서 북부로 이주한 노동자들의 존재, 특히 1968~69년에 피아트에서 집약적으로 충원된 남부 이주 노동자들을 고려해야 한다. 이 두 해 동안 약 1만 5천에서 2만 명의 남부 출신 노동자들이 대거 피아트에 채용되었는데, 신참 노동자들은 대체로 교육 수준과 기대 수준이 높았다. 그러나 기대감이 좌절감으로 바뀌는 데는 많은 시간이 필요하지 않았다. 이 대목에서 이탈리아 특유의 상황을 감안해야 하는데, 카도자Anthony L. Cardoza가 예리하게 지적하듯이, 이탈리아는 산업적으로 늦지만 빠르게 성장한 나라였기에 본격적인 의미의 산업사회와 소비사회가 **동시에** 출현하고 있었다. 따라서 젊은 노동자들은 산업사회의 첫 세대로서 감수해야 할 고통과 소비사회의 첫 세대로서 충족되지 못한 욕구라는 이중의 좌절을 겪어야 했다. 또한 이탈리아 특유의 경직된 노동시장에서 젊은 노동자들은 자신들이 적절히 대표되지 못한다고 느끼고 있던 데다, 특히 남부 출신들은 "촌뜨기terrone"라고 불린 데서도 알 수 있듯이 뿌리 깊은 인종적·문화적 차별도 감수해야 했다. 그런 상황에서 젊은 노동자들은 기성 노조들과 정당들이 제기하지 않았던 조립라인의 속도와 위험한 노동 조건들에 맞서 반란을 일으키며 억눌린 욕구들을 터뜨린 것이다.[8]

    1969년의 "뜨거운 가을"은 노조원과 비노조원, 연장자와 젊은이, 토박이와 이주자 등 피아트 노동자들 사이의 위계적 관계를 수평적 관계로 순식간에 뒤바꾼 마법과도 같은 순간이었다. 파비오 레비에 따르면, 그런 급속한 수평적 융합은 이례적이어서 가령 언어와 문화가 완전히 다른 지역 출신의 이주 노동자들이 대부분인 북유럽에서는 그런 평등화 과정이 여러 해를 거쳐야만 가능했다고 한다. 그러나 이탈리아에서는 남부 이주자들이 이탈리아어와 민족문화를 공유한다는 데서 기인한 소통과 연대의 이점을 누리면서 융합이 빠르게 실현될 수 있었다는 것이다.[9] 내부 이민이 이탈리아 노동운동의 급진성에 기여한 중요한 원인이었던 것이다. 물론 토리노의 경우에는 강력한 탈권위주의적 학생운동 역시 그런 노동자들의 급진화에 기여했다. 그런 수평적 관계 속에서 젊은 이주 노동자들은 관행에 얽매이지 않는 자유로움으로 자신들의 요구를 거침없이 표출했다. 1969년 7월 3일 미라피오리 공장 입구에서 출발한 피아트 파업 노동자들의 행진에서 처음 등장하여 불멸의 명성을 얻게 될 구호는 사용자들에게 전율을 일으키기에 충분했다. "우리는 무엇을 원하는가? 모든 것을!Che cosa vogliamo? Tutto!" 아닌 게 아니라 이번의 투쟁은 지난 투쟁들과 다르다는 걸 많은 이들이 직감했다. "뜨거운 가을"에 토리노 학생운동의 분열 속에서 탄생한 극좌파 단체 '영구 투쟁Lotta Continua'의 지도부 일원이었던 비알레Guido Viale는 피아트 노동자들의 투쟁이 "지금까지 유럽에서 발생한 다른 모든 경험들과 비교할 때 심오하게 다르고 훨씬 성숙한 그 무엇"을 대표한다고 생각했다.[10]

한편, 피아트 경영진의 노동 충원 방식의 변화도 부지불식간에 젊은 노동자들의 반란을 허용하고 방치한 면이 있었다. 발레타가 1966년에 물러나면서 창업자의 손자인 잔니 아넬리가 새로운 피아트 회장으로 키를 쥐게 되었는데, 새로운 지도부는 노동력 충원 과정에서 종래의 엄격한 검증 절차를 생략하고 당장의 생산의 필요에 따라 대규모 채용을 진행했다. 그런 과정에서 피아트 경영진은 자신들이 채용한 노동자들의 출신과 배경, 성향 등에 대한 지식을 결여할 수밖에 없었다. 확실히, 이는 채용을 까다롭게 하고 세밀하게 관리하면서 자신의 노동자들을 속속들이 파악하려고 했던 발레타 시대와 크게 달라진 점이었다. 베르타는 이를 다음과 같이 간결하게 표현했다. "피아트는 더 이상 자신의 노동자들을 알지 못했다."[11] 그렇다면 "뜨거운 가을"은 자신들의 욕구가 무엇인지 알기 시작한 노동자들과 자신의 노동자들이 누구인지 알지 못하는 경영진이 만난 교차점에서 폭발한 새로운 유형의 반란이었다.

피아트의 "뜨거운 가을"
(1969, 피아트 문서고)

투쟁의 대학

1970년 1월 피아트 경영진과 노동자들 사이에 시간당 임금 20퍼센트 인상안을 포함하는 협약이 체결되었다. 이것으로 관찰자들은 노사 갈등의 뜨거운 열기가 식을 것으로 예측했다. 그러나 예상은 보기 좋게 빗나갔는데, 이듬해에도 파업은 뜨겁게 지속되어 노동 손실 시간은 200만 시간에 달했고, 생산 손실은 8만 8천 대를 넘었다. 갈등을 양적으로 측정하면 오히려 두 배 이상으로 늘어난 것이다. 더욱이 그런 파업의 열기와 그로 인한 공장의 갈등은 그 이후로도 지속되었다. 우리는 이를 "뜨거운 가을" 이래 갈등의 10년이라고 말할 수 있다. 연구자들은 "영구 혁명"이라는 말을 떠올리게 하는 "영구 갈등"이라는 말도 자주 사용한다. 즉 10년 동안 피아트 공장들은 노동자 투쟁의 폭풍 속에 있었다는 것이다. 해마다 갈등의 정도는 등락을 보이기는 했지만, 이 시기에 피아트 경영진은 산하 공장들을 완전히 통제하지 못했고, 공장들은 일종의 '해방구'가 되어 경영진의 권위와 공장평의회의 권력이 공존하는 일종의 **이중 권력** 상황에 놓여 있었던 것 같은 착각을 불러일으킨다. 그럼에도 경영진은 노동자들과 지속적인 협상을 벌이며 생산을 지속했고, 그런 가운데 생산과 경영의 변화

164

를 꾀하며 갈등을 종식하고자 했다. 이는 피아트 경영진이 극심한 노사 갈등에도 불구하고 투자액을 꾸준히 늘려나갔던 사실에서 입증된다.

이처럼 10년의 세월 동안 공장의 갈등이 지속된 것은 역사상 유례를 찾아보기 어려운 경우이다. 이 "영구 갈등"의 시기에 새로운 투쟁 형태들이 현란하게 등장했다. 당시 미라피오리에서 투쟁을 선도했던 노동자인 팔코네Giovanni Falcone에 따르면, 피아트는 "그 시절 자동차를 생산하는 공장이 아니라 **투쟁의 대학**이었다."[12] 이 "투쟁의 대학"이라는 표현이 무척이나 의미심장하다. 특히 '대학'이라는 표현은 노동자들이 '공장' 안에 고립되지 않고 학생운동과의 연대를 모색한다는 의미도 상기시키는가 하면, 노동자들이 자신들의 요구와 욕망을 새롭게 배워가는 공간의 이미지도 연상시킨다. 노동자들은 다양한 투쟁 형태들을 통해 그런 요구와 욕망을 분출했다.

그중에서도 가장 흥미롭고도 극적인 형태는 '행진corteo'이었다. 지금도 사진에 많이 남아 있는 행진은 어떤 방식으로 진행되었을까? 먼저 특정 부서의 일부 노동자들이 호루라기를 불고 확성기로 구호를 외치며 나온다. 빗자루도 부러뜨려 막대기로 만들어 두들겨댄다. 조립라인이 멈추면 노동자들은 행진이 시작되었음을 안다. 노동자들이 대열에 합류함에 따라 행진의 규모는 커지고 소란도 덩달아 커진다. 재미있는 것은 그다음이다. 행렬이 십장들과 사무원들을 만나면 행렬의 선두와 측면에 둘러친 거대한 밧줄이 열리며 이들을 순식간에 끌어들여 행렬에 흡수한다. 십장들과 사무원들은 원치 않아도 붉은 깃발을 들고 행진할 수밖에 없다. 이들에게 침을 뱉거나 욕하며 구타하는 경우도 있고, 노동자들이 양쪽에 도열한 가운데로 걸어가게 해 모욕을 주는 경우도 있다. 물론 행진에 참여하지 않는 노동자들도 많았는데, 이들 중 일부는 카드게임에 열중하고, 다른 일부는 일광욕을 즐기기도 했다.[13]

당시 빈번히 이루어졌던 행진과 파업은 십장들과 간부진을 협상 테이블로 끌어내는 효과적인 수단이었다. 이와 더불어 노동자들의 교섭력도 증대하여 1975~79년에 토리노의 세 공장에서만 170여 개의 크고 작은 협약이 체결되었다. 그런 가운데 노동자들의 자신감도 점점 높아졌다. 당시 직장위원이었던 안토니오니Dino Antonioni는 "노동자 권력"이 분명한 실체로서 존재했다고 다음과 같이 회고했다. "우리는 파업파괴자들을 색출하러 다녀도 아무런 처벌도 받지 않을 것임을 알았다. 왜냐하면 우리에게 유리한 세력 관계야말로 당시 공장의 삶을 규정한 새로운 법이나 다름없었기 때문이다. 우리는 이 새로운 법을 적용하면서 미라피오리를 **통제했다**."[14]

바야흐로 노동자들의 자생성과 자율성이 최고조로 발

전한 듯했다. 아닌 게 아니라 당시 노동자 투쟁에 참여했던 많은 젊은 노동자들은 극도의 해방감을 맛보았다. 그들은 조립라인의 속도와 생산량도 스스로 결정할 수 있는 집단행동의 힘을 자각하며 난생처음 자유를 느꼈다. 역사학자 긴스버그Paul Ginsborg가 전해주는 노동자들의 회상은 인상적이다. 이 회상들은 "우리는 모든 것을 원한다Vogliamo tutto"와 "모든 것을 지금 당장!Tutto e subito!"이라는 당시의 구호와 공명한다. 밀라노의 피렐리 비코카Pirelli Bicocca 공장의 노동자로서 공동기초위원회CUB를 조직한 활동가이기도 한 모스카Mario Mosca는 1968년을 "내 생애 최고의 해"로 간주하면서 이렇게 회고했다. "그해 나는 한 명의 노동자로서 내 운명의 주인공이자 주인이라고 느꼈습니다. 그 뒤로도 두 해 동안 그런 감정을 계속 느꼈어요. 살아 있다는 게 정말 멋졌습니다." 한편, 남부 출신으로 따돌림당하던 젊은 여성 노동자 클리치아 엔Clizia N의 회고는 앞서 언급된 이른바 "투쟁의 대학"이라는 개념을 명쾌하게 설명해준다. "당신은 공장에 나가며 많은 것을 얻습니다. 세상일을 직접 배우죠. 세상일을 간접적으로 배우는 주부와는 달라요. 많은 것을 토론하고 많은 것을 배우는 공장에서 일하는 여성과 주부가 같은 것을 경험할 수는 없답니다. 소소한 일들도 그래요. 당신은 이해하고 배우려고 애쓰게 되죠."[15]

그러나 노동자들의 투쟁으로 얻은 자유는 **혁명**으로 이어지지 않았다. 자유는 오히려 많은 경우 비정치적인 방식으로, 즉 사적으로 이용되거나 전유되었다. 즉 집단적 정치성의 붉은 테두리 밖에는 광범위한 회색 지대가 포진해 있었다. 이를 잘 보여주는 것이 당시 피아트 공장을 세밀하게 분석한 레벨리의 다음과 같은 진술이다. 이 진술은 조금 길지만 인용할 가치가 충분하다.

작업 리듬이 그토록 빨랐던 시절은 이미 아득한 옛날처럼 보인다. 예전에는 조립라인 속도가 너무도 빨라서 거기에 "올라타서," 그러니까 미처 작업이 끝나지도 않았는데 다음 작업대로 지나가버리는 부품을 "이쪽으로" 끌어와야 했다. 그러다가 다른 노동자들의 자리까지 침범하여 다음 작업팀을 혼란에 빠뜨릴 수도 있었다. 그러나 지금은 "저쪽에서 집어 든다." 즉 라인을 거꾸로 거슬러서 아직 내 쪽으로 오지 않은 부품을 향해 간다. 그런 방식으로 몇 분의 이득을 볼 수 있다. 종종 다음 팀과 교대하기 한 시간 전에 라인이 멈춘다. 작업이 완료되었기 때문이다. 그렇게 처음으로 근소한 자투리 시간이나마 공장의 비공식적인 자유 시간이 생긴다. 언제, 얼마만큼 생길지는 불확실하지만 노동으로부터 자유롭게 보장된, 점증하는 여분의 시간은 여태껏 본 적 없는 사회성socialità에 맡겨진다. 예전이라면, 즉 급진적 충돌이 일어난 시절이라면, 노동에서 떼어내진 모든 시간은 투쟁들과, 노사 갈등 속에 전개되는 유기적이고 흡인력 강한 엄격한 형태의 협력들로 채워질 테지만, 이제 작업 속도가 느려지면서 자유롭게 남겨진 그런 약간의 시간은 완전히 개별 노동자의 처분에 맡겨진다. 그런 시간은 이전 시기의 서사적인 예외성과는 동떨어진, 고요하고 일상적인 사회성으로 채워져야 할 빈 포대와 같다.[16]

노동자들은 투쟁으로 확보한 자유의 시간에 신문을 읽고 카드를 치며 장기를 두면서 휴식을 취했다. 라인에서 물러나 있는 시간이 5분밖에 안 되어도 잡담을 나누기에는 충분했다. 일부 노동자들은 벼룩시장을 열어 라이터와 라디오, 옷가지 등을 팔았고, 전기스토브까지 가져와 아침 식사용으로 브리오슈와 커피 등을 만들어 저렴한 가격에 팔며 소소한 이득을 취하기도 했다. 이런 상황은 공장이 통제 불능이라는 인식을 낳았다. 그런 인식이 경영진의 시선만은 아니었다. 공산당원이자 노조 활동가인 알파노Bonaventura Alfano는 1979년의 미라피오리를 보고 큰 충격을 받았다. 악착같이 휴식 시간을 챙기고 심지어 도박판까지 벌이는 노동자들을 보고 말이다. 그는 이처럼 볼트가 여기저기 풀려 있는 헐겁고 느슨한 상황을 공장의 규칙이 붕괴한 증거로 보았는데, 역설적이게도 이는 규범의 부재를 한탄했던 경영진의 시선과 수렴한다. 알파노만이 아니었다. 공산주의 성향의 직장위원 코시Cesare Cosi도

단지 선동하고 투쟁하는 것은 더 이상 필요치 않고 진정한 공장의 주인이 되기 위해 스스로 생산을 통제하는 법을 배워야 한다고 역설했다.[17] 확실히, 알파노와 코시는 엄격한 노동의 규율을 체현한 구세대 노동운동가들로서 "영구 갈등"의 시기에 나타난 혼돈과 무질서를 견딜 수 없었다. 그들의 키워드는 어디까지나 "생산성"과 "통제권"이었다. 그들은 자신들에게 익숙한 낡은 질서와 그에 따른 가치를 **새로운 자유**와 결합하는 데 어려움을 겪었던 것이다. 이는 신세대 노동자들도 마찬가지였다. 물론 구세대 노동자들과는 반대 방향에서 말이다. 즉 젊은 노동자들은 자신들이 누리게 된 자유를 영속적으로 유지하고 확장해줄 수 있는 **새로운 질서**를 상상하는 데 어려움을 겪었다.

혁신

새로운 질서를 상상한 측은 노동자들이 아니라 경영진이었다. 얼핏 보면, 이 시기에 피아트 경영진은 공장의 "영구 갈등"을 그냥 방치한 듯하다. 사실, 1973년까지 자동차 시장은 호황을 누렸기 때문에 경영진이 어떤 변화를 추구할 유인도 없었다. 당시는 자동차 수요가 폭증하여 주문 이후 차량 인도 시간이 너무 오래 걸리는 바람에 인기 없는 차종도 대체물로 잘 나갔을 정도였다. 상황이 그러했으니, 피아트 경영진도 당장의 생산과 판매에만 집중하면서 공장 문제의 해결은 나중으로 미뤘을 공산이 크다. 그럼에도 1966년 발레타로부터 경영권을 인수한 아녤리는 세계 자동차 시장의 미래를 예측하면서 피아트의 변화를 원대하게 설계하고 있었던 것으로 보인다. 그는 무엇보다 1969년 2월 20일 하원에서 발표한 "국민 자동차 산업의 상황과 전망"에서 글로벌 시장 개척의 필요성을 역설하고, 과학기술의 발전과 연구개발의 필요성, 그리고 인적·경영적 자원 확보의 중요성을 강조했다. 또한 아녤리 회장의 친동생으로서 대표이사로 지명된 움베르토 아녤리Umberto Agnelli는 조직발전연구소Istituto di Sviluppo Organizzativo, Isvor를 세워 집권화와 분권화를 절충한 미국식

경영 조직 이념을 적용하고자 했다.[18]

물론 이 계획들은 장기적인 것이었다. 당장 공장의 질서를 확립하는 문제에서 피아트 경영진은 공장 폐쇄와 같은 강경책보다는 직장위원들과 교섭을 지속하는 **온건책**을 택했다. 물론 아넬리 회장은 기본적으로 기성 노조와의 안정되고 제한된 교섭을 선호했지만, 당시의 특수한 상황을 고려하여 직장위원들과의 교섭을 인정했다. 그러나 온건한 노선을 견지했다고는 하나, 아넬리는 그 이면에서 좀더 근본적인 변화를 추구하고 있었다. 곧 기업의 비효율적 요소들을 제거하기 위해 과거와 단호하게 결별하는 대담한 계획을 세우고 이를 실행에 옮기고 있었다는 말이다.

무엇보다 아넬리와 피아트 경영진은 노사 관계의 기반이라고 할 수 있는 생산 및 노동 체제 자체를 완전히 뜯어고치려고 했다. 그런 혁신의 기본적인 방향성은 토리노 집중에서 탈피하여 생산의 **분산화**를 이루는 것이었다. 이를 위해 1971년에 피아트는 남부 바리Bari에 공장을 가동했고, 카시노Cassino와 테르몰리Termoli, 술모나Sulmona, 바스토Vasto, 레체Lecce, 나르도Nardò 등지에 생산 시설을 건립하고 있었다. 이와 더불어 경영진은 **자동화**도 추구했는데, 1974년의 시점에 미라피오리와 카시노 공장에 도합 23개의 로봇을 도입했다. 특히 미라피오리 도장부에 로봇화가 대거 이루어졌는데, 가령 차체를 촉감하며 요리조리 분사하는 "인간형 로봇"이 실험되었다. 그런가 하면 120명분의 일을 감당하는 "디지트론"도 도입되어 기계 부품을 차체에 조립하는 일을 맡았다. 그 후 자동화는 꾸준히 진척되어 1980년에는 1974년을 기준으로 열 배 이상의 로봇이 활용되었다. 그런 점에서 **기술 혁명**이 피아트 노동자들에 대한 경영진의 승리를 가능하게 했다는 레벨리의 해석은 약간의 과장은 있어도 기본적으로 일리가 있다.[19]

그렇지만 이 단계에서 기술 혁명을 지나치게 과대평가할 필요는 없어 보인다. 예컨대 자동화 수준은 아직 초보 단계에 머물러 있어서 당시 가까이에서 피아트를 관찰했던 리베르티니Lucio Libertini는 당대 피아트의 기술 혁명 수준에 대해 "고기를 구웠는데, 정작 구운 고기는 없고 연기가 전부"인 상황으로 묘사했다. 여전히 빠르게 돌아가는 조립라인 앞에서 세분화된 작업을 수행하는 노동자들의 근육이 로봇보다 중요했던 셈이다. 바꿔 말해, 탈테일러주의는 먼 미래의 일처럼 보였다.[20] 그럼에도 기술 혁명은 중요했는데, 왜냐하면 기술 혁명의 초기에 과학기술로 표상되는 효율성의 원리가 미래의 세상을 지배할 것이라는 담론이 사회의 주목을 받으며 큰 관심을 끌었기 때문이다. 현실의 기술 혁명을 과장하지 말라고 충고한 리베르티니도 그런 효율성의 담론이 시민사회의 광범위한 지지와 동의를 얻고, 이것이 자본과 노동의 세력관계를 자본에 유리한 방향으로 기울게 하는 데 중요한 역할을 했음을 꿰뚫어보고 있었다.[21] 잔니 아녤리는 1977년에 피아트가 미래를 내다보면서 혁신적 실험을 구상하고 있음을 다음과 같이 암시했다. "이탈리아는 서양에서 가장 흥미로운 경제적·정치적·사회적 실험실로 간주될 수 있습니다."[22] 이로부터 "이탈리아의 실험실"이라는 말이 널리 유행했는데, 그 실험이란 포드주의적 대량생산에서 포스트-포드주의적 유연 생산 체제로의 이행이라는 것이 곧 밝혀질 터였다.

　　물론 노조 측에서도 새로운 구상을 발표했다. 구상의 본질은 노동의 질을 높여 노동 환경을 개선함과 동시에 노동 생산성도 향상한다는 것이었다. 이를 위해 "조립라인 섬"이라는 발상이 실험되었다. 이는 파편화된 노동을 재구성하여 연속적 조립라인에서 분리시켜 별도의 공정으로 만들어본 것이었다. 노조에서는 이 새로운 방식이 노동자들의 직무 스트레스를 덜고 작업의 질을 높여 "직무 충실job enrichment"을 증대하리라고 예상했다. 그러나 이 방법은 비용이 많이 들고 성과는 적어 비효율적이라는 것이 드러났다. 다시 노조는 "직무 확충job enlargement"을 추구하는 새로운 방법을 고안해냈다. 즉 한 명의 노동자가 여러 직무를 옮겨가며 일을 하는 방식이었는데, 십장들은 물론이거니와 직장위원들의 반응도 미온적이었다. 결국 노조 측이 주장한 노동의 질이라는 가치보다는 경영진이 제시한 생산의 양이라는 원리와, 이를 뒷받침하고 있는 효율성과 시장, 이윤, 기술, 진보를 아우르는 혁신의 담론이 훨씬 부각되었다. 질보나 양이고 노농(노동자)보다 혁신(로봇)인 셈이었다. 우리는 양보다 질이라고 말하지만, 세상 이치는 반대인 경우가 많다. 질은 잘 보이지 않지만, 양은 금방 확인 가능하니 말이다. 노조는 그런 경영의 담론에 맞설 수 있는 효과적인 대안적 비전과 가치를 제시하지 못했다.[23] 그리하여 공장의 전투들은 지속되고 있었지만, 보이지 않는 전쟁에서는 이미 경영진이 확고한 우위를 점하고 있었다.

피아트 경영진은 실제 전투에서도 승리를 굳히기 위해 정예 병력을 현장에 투입하기 시작했다. 아넬리 회장은 1983년의 인터뷰에서 1970년대를 "권력관계의 불균형이 10년간 지속된 시기"로 규정하고 "저울접시의 균형을 다시 맞추는 일"에 나서는 것이 당시의 현안이었다고 반추했다. 다만, 이일을 최고경영진이 직접 맡을 수는 없기에 전문 경영자의 역할이 중요하다고 강조했다. 여기서 전문 경영자란 일선에서 노동자들과 얼굴을 맞대고 교섭력을 발휘할 중간 간부진을 뜻했다. 이에 십장과 감독관이 대거 충원되었고, 이들은 숱한 분쟁과 협약을 거치며 담금질되었다. 이제 간부들에게는 예전처럼 노동계약서를 작성하는 법률적 기능보다는 노동 조건과 기술적 문제 등 공장 현실을 파악하고 다양한 상황에서 결정하고 조율하는 교섭 능력, 즉 진정한 경영 역량이 요구되었다. 베르타는 이처럼 1970년대에 종래의 "계서제에 대한 절대적 존중과 엄격한 계획화, 결과의 합리성을 대체하여 개인적 책임성과 적대적 환경에서의 의사결정, 과정의 합리성을 점진적으로 지향하는" 노선이 자리 잡는 과정을 "작은 경영 혁명"이라고 불렀다. 이 **경영 혁명**을 통해 변화무쌍한 상황에서 대처 능력이 뛰어나고 전략적 사고를 할 줄 아는 중간 경영진이 탄생했고, 이들을 통해 경영진은 통제권을 되찾을 수 있었다.[24]

행진

기술 혁명과 경영 혁명은 피아트 경영진이 1970년대의 갈등을 돌파하고 새로운 안정을 되찾는 데 필요한 강력한 무기였다. 그러나 그 이중 혁명이 온전히 실현되기 위해 필요한 전제가 있었다. 바로 경영진의 권위를 회복하여 공장의 권력관계 자체를 바꾸는 일이었다. 리베르티니의 말을 빌리면, 이는 "한층 강화된 자본의 헤게모니"를 추구하는 "정치적 기획"이었다고 할 수 있다.[25] 즉 기술 혁명과 경영 혁명이 소기의 목적을 달성하기 위한 전제로서 무엇보다 정치적 세력 관계의 변화가 요구되었다는 말이다. 피아트 지도부 역시 그 점을 잘 알고 있었다. 레벨리는 피아트 특유의 "헤게모니적 성향"을 강조하는데, 그에 따르면 헤게모니란 특수한 이해관계를 보편적 이해관계로, 특수한 견해를 보편적 상식으로 제시하는 능력을 말한다. 그러니까 피아트는 자신의 특수한 이해관계와 견해를 보편적 이해관계와 상식으로 바꾸어냄으로써 단지 공장뿐 아니라 사회에 대한 영향력과 통제권을 획득하려고 했다는 것이다. 그런 점에서 레벨리는 피아트가 일개 기업이 아니라 레닌주의적 정당과 유사했다고 본다.[26]

　때마침 피아트의 헤게모니적인 정치적 기획에 유리한

환경이 1970년대 후반에 조성되었다. 먼저 공장의 노동자 구성이 크게 바뀌었다. 노동자들 사이에 일종의 세대교체가 이루어졌는데, 이는 직장위원의 선출에도 반영되었다. 예전과 달리 직장위원의 자격에서 투쟁 역량보다는 기술 역량이 중시되었고, 투쟁 일변도의 기존 직장위원들이 대폭 신진들로 대체되었다. 특히 1978년 초부터 피아트는 대규모 채용을 단행했는데, 2~4월 동안에만 2,800여 명이 입사했다. 그리하여 1978년 한 해에만 총 9천여 명의 신규 노동자들이 채용되었고, 1979년 상반기에도 6천여 명의 신참들이 들어왔다. 이 신참 노동자들은 여성의 비율이 상당히 높았고, 훨씬 젊어졌으며, 학력 수준도 전반적으로 높았다. 단일한 대오의 노동계급은 더 이상 찾기 어려웠다. 젊은 노동자들은 공장의 위계질서와 조립라인에 대한 본능적인 적대감에 자극받았던 반면, 구세대 노조 지도자들은 포드주의적 노동 과정 너머에 무엇이 있는지, 기층 노동자들이 어떤 욕구를 지니고 있는지에 아무런 관심도 없는 채 질서와 규율을 바탕으로 생산 활동을 유지하며 계급적 이해관계를 추구하는 데서 정당성을 찾았다. 이처럼 노조는 노동의 조직과 이해관계가 사회를 대표하는 모델이라는 "노동자 중심성centralità operaia"의 관념에 집착하면서 기층 노동자들의 동기를 완전히 오해하고 있었기 때문에 전혀 지도력을 발휘할 수 없었다.[27]

한편, 1970년대 후반부터 불거진 테러리즘의 위협도 피아트 경영진의 정치적 기동에 유리한 변수가 되었나. 피아트의 테러리즘은 이탈리아의 1970년대를 잿빛의 "납의 시대"로 덧칠한 그림의 일부였다. 1975~80년에 16명의 피아트 경영자들과 직원들이 극좌 단체인 '붉은 여단Brigate Rosse' 등으로부터 테러 공격을 받았다. 최고경영진 중 한 명은 다른 극좌 조직인 '최전선Primo Linea'의 공격으로 목숨을 잃었다. 이런 테러리즘은 일종의 충격 요법으로 노동자들의 급진성을 일깨우며 노동자들을 동원하고 경영진을 혼란에 빠뜨린다는 목표를 가졌으나, 결국은 투쟁하는 노동자들 사이에 테러리스트로 오인될지 모른다는 두려움은 물론, 대다수 노동자들과 시민사회의 혐오감만을 낳았다. 레벨리는 이를 흑사병이 창궐한 당시 우물에 독을 푼 자를 색출하는 중세적 상황에 비유하기도 했다.[28] 이 상황에서는 실제로 우물에 독을 풀었건 풀지 않았건 조사 대상이 된 자에 대해 조사하는 자의 우위가 확고했다. 그리고 우물에 독을 푼 자로 지목되는 순간 악몽이 시작될 터였다. 그런 상황이었으므로 피아트의 테러리즘은 원래의 목적과는 달리, 아니 그와는 정반대로 노동자들에게 악몽을 가져온 셈이었다. 이런 맥락에서 역사학자 데루나는 특히 1978년 봄에 납치된 모로Aldo Moro 총리가 시신으로 돌아왔을 때 미라피오리 노동자들이 보인 경직된 침묵 속에서, 해체되고 만 "노동자 중심성"의 잔해를 발견했다.[29] 이제 노동자들의 조직과 투쟁은 사회의 모델이 아니라 오히려 사회의 위협으로 보이기 시작했으니, 노동자들의 계급적·정치적 공간은 결정적으로 위축될 수밖에 없었다.

그렇다면 피아트 노동자들의 투쟁은 진부한 개량주의와 충격적인 테러리즘의 양극단 사이에서 얼어붙었다고 말할 수 있다. 노동계급의 이해관계를 대변한다고 자처한 공산당도 기민당과 "역사적 타협"을 추구하는 과정에서 좌파 무장 세력을 '토벌'하는 과제를 경찰력에 위임함으로써, 이탈리아공화국의 제도권 정당으로서 완전한 정당성을 획득했다고 느끼고 있었다.[30] 그런 상황이었으니, 아래로부터의 자생적인 노동자 투쟁은 합법과 비합법의 경계에서 방치되고 표류할 수밖에 없었다. 이처럼 노동자들이 중심에서 주변으로 밀려나기 시작하면서 공장의 무질서를 방관하는 듯했던 피아트 지도부도 권위를 회복하기 위한 전략을 체계적으로 실행에 옮겼고, 차근차근 힘을 발휘해나갔다. 조용하고 느리지만 단호하고도 강력하게 말이다. 이제 관용과 묵인의 시간은 지났다. 경영진은 크게 두 방향에서 움직였다. 하나는 공장에서, 다른 하나는 시민사회에서 말이다. 먼저 경영진은 공장의 일상적인 규칙들을 엄격히 적용하기 시작했다. 노조원들이 마음대로 이용했던 회사 차량과 회사 전화 등의 이용을 즉각 금지했고, 공장 내 공간들의 임의적인 사용도 불허했다. 다음으로 경영진은 수시로 언론들과 인터뷰를 하고 기사문을 기고하면서 시민사회와의 접촉면을 늘려나갔다. 이를 통해 피아트 경영진은 자신들의 정당성을 주장하고 노동자늘의 저항을 생산 방해와 사회 혼란을 조성하는 악습으로 비난하면서 공장의 질서가 회복되고 노동이 재개되어야 한다는 여론에 불을 지피고자 했다.

그런 상황에서 피아트 경영진은 1979년 9월 9일 마른하늘에 날벼락처럼 노동자들에게 테러리즘의 책임을 물어 총 61명의 피아트 노동자들에게 해고통지서를 발송했다. 이에 대한 항의로 즉각 파업이 조직되었지만 오래가지 못했고, 오히려 많은 노동자들은 해고 노동자들에 대해 무관심하거나 조롱하는 듯한 태도를 보였다. 이 61명의 해고는 생산 정상화의 첫 단계였다. 피아트 경영진의 공세는 1980년 9월 10일 1만 4,469명의 또 다른 해고와 함께 재개되었다. 이에 격앙된 노동자들은 9월 11일부터 하루 6시간 파업으로 대응하며, 이른바 "35일 투쟁"을 개시했다. 이는 최후의 전투였다. 9월 26일에는 이탈리아공산당 서기장 베를링구에르Enrico Berlinguer가 미라피오리의 철책 앞에 등장하여 노동자들의 투쟁을 격려했다.

사실, 그동안 노동계급의 정당으로 자처했던 공산당은 피아트 노동자들의 계급투쟁을 실제로 지원하기보다는 자신의 **정치적** 이해관계에 따라 움직였는데, 그런 점에서 공산당은 피아트 노동자들의 눈에는 실루엣으로만 보였을 뿐이다. 데루나는 이를 두고 "정치적 실천에서 진실의 추구를 분

피아트 미라피오리 공장을 방문한
이탈리아공산당 서기장 엔리코 베를링구에르(1980년 9월)

리"시켰다고 날카롭게 비판하기도 했다.[31] 그런 상황에서 공산당 서기장이 실물로 나타났으니 의미심장한 사건이 아닐 수 없었다. 그러나 베를링구에르의 입장은 원론적이었을 뿐이다. 당시 한 노동자가 서기장에게 물었다. "노동자들이 피아트를 점거하기로 결정한다면, 공산당은 무엇을 할 겁니까?" 이에 서기장이 답했다. "노동자들 스스로가 자신들의 집회에서 토론하고 결정해야 합니다." 공을 노동자들에게 넘긴 것이다. 카스트로노보는 베를링구에르의 피아트 방문이 노동자들과의 연대를 위해서가 아니라 당시 코시가Francesco Cossiga 총리의 내각이 나라의 혼란과 악습을 수습하거나 치유할 수 없다는 것을 보여주기 위해 마련된 정치적 유인책이었다고 해석한다.[32]

흥미롭게도, 카스트로노보는 이 모든 피아트 경영진의 대응을 노동운동 측의 이른바 "기동전guerra di movimento"에 맞서는 "진지전guerra di posizione"의 전략이라는 측면에서 파악한다. 즉 당장의 섣부른 정면충돌을 피하면서 시간이 흐르며 적들의 힘이 소모되고 자중지란으로 분열되기를 기대하면서 때를 엿보고 있었던 것이다. 다시 카스트로노보에 따르면, 이 전략의 핵심은 특히 중간 간부진을 동원하는 데 있었다. 10월 8일 200여 명의 십장들과 직원들이 미라피오리 입구를 지키고 있는 노동자 전초대와 충돌하며 공장 안으로 진입하려고 시도했다. 리발타 공장에서는 800여 명의 직원들이 공장 입구에 모여 시위를 하면서 공장을 봉쇄한 파업 노동자들과 충돌했다. 이 과정에서 한 명이 심장마비로 사망하기까지 했다. 피아트 십장들로 이루어진 단체가 연일 공장 앞에서 피켓 시위를 하며 "노동의 자유"를 외쳤다.

사실, 피아트의 파업 노동자들이 일하기를 원하는 십장들과 직원들, 기타 일반 노동자들의 공장 출입을 금지한 것은 큰 실수였다. 파업 노동자들은 중간 간부진과 다른 기층 노동자들, 나아가 토리노 시민사회와의 연대를 이루지 못하고 고립되고 말았다. 당시 노동할 자유를 외쳤던 한 피아트 직원은 이렇게 말했다. "내가 노동하면서 회사의 이해관계에 복무한다는 것은 사실입니다. 그러나 회사의 이해관계는 나의 이해관계이기도 하고 내 자식들의 이해관계이기도 하지요. 그리고 그것은 전초대 노동자들의 이해관계이자 그들 자식들의 이해관계이기도 합니다. 이 모든 이해관계를 떠나서 나는 일을 그만둘 수도 있습니다. 나로서는 내가 만든 것을 파괴하지 않는 편에, 내가 쌓아온 그 많은 경험을 내던지지 않는 편에 서겠습니다."[33] 투쟁하는 노동자 편에서도 자신들의 실수를 뼈아프게 여긴 사람들이 있었다. 1968년 19세의 나이로 극좌 조직 '영구 투쟁'에 가담한 전력의 소유자로서 당시 노동자로 일하며 투쟁에 참여한 데루카Erri De Luca—나중에 저명한 작가가 될—는 노동자들의 패배에 대해 다음과 같이 증언했다.

나는 야간 방어조에 속해 있었다. 짐거에 반대하는 일단의 노동자들과 직원들이 방어선을 돌파하려고 할 때마다 우리는 순찰을 돌며 이들을 공격했다. 이는 슬픈 싸움이었다. 가난한 자들 사이의 전쟁이었으니 말이다.[34]

이제 피아트 경영진은 결정적으로 승기를 잡았다. 피아트의 명실상부한 최고경영자였던 로미티Cesare Romiti는 한때 "내일 아침에 패배할지도 모른다고 두려워하며 잠자리에 들었지만,"[35] 미라피오리를 몰래 둘러보고는 안도의 한숨을 내쉬었다. "나는 노래하고 웃고 떠드는 명랑한 사람들이 전초대를 이루고 있음을 보았다… 그리고 깨달았다. 이들은 피아트 노동자가 아니었다. 피아트 노동자라면 그 순간에 걱정하고 고뇌하며 괴로워했으리라… 이들은 통상 2천 명의 전문 노조 활동가들로서 정치적 역할을 수행하는 강경파였지만, 어디까지나 하나의 역할을 수행했을 따름이다. 나는 모든 일이 우리에게 잘 풀릴 거라고 생각하며 다소 의기양양하게 귀가했다."[36]

10월 6일 2만 6천 명의 노동자들을 실업연금 상태로 전환한 것은 피아트 경영진의 자신감 넘치는 조치였다. 이 조치는 1970년대 말의 대규모 채용으로 인해 노동력이 과잉이므로 감축이 정당하다는 여론의 호위도 받았다. 마침내 10월 14일 "노동의 권리"라는 이름으로 토리노 역사의 저 유명한

"4만 인 행진"이 시작되었다. 이는 노동운동과 좌파에게는 오랜 투쟁의 조종을 울린 "검은 화요일"이기도 했다.[37] 피아트의 십장들과 직원들이 토리노 시내의 테아트로 누오보 Teatro Nuovo에서 대규모 집회를 개최했고, 시민들이 대거 합류한 것이다. 역사에서는 어떤 장소에서 일어났느냐가 중요하다. 집회가 공장이 아니라 시내 한가운데에서 이루어졌다는 사실은, 이 집회가 겨냥한 대상이 노동자들이 아니라 토리노 시민들이었음을 말해준다. 노동자 투쟁이 공장 안이나 입구, 노동자 '구역들barriere'에서만 일어난 것과 대조되는 대목이다. 이들은 드문드문 피켓을 든 채 느리고 조용히 토리노 거리를 행진했다. 그중 한 피켓에는 다음과 같이 쓰여 있었다. "노동은 노동함으로써만 스스로를 지킨다." 데루나의 추산에 따르면, 1979년 피아트 자동차 부문의 노동자와 직원 10만 2,508명 중 1984년에도 남아 있던 이들은 5만 5,398명에 불과했다. 이 침묵의 행진이 모든 혼란을 정리했다. 데루나에 따르면, "피아트가 승리했다."[38]

토리노의 "4만 인 행진"
(1980년 10월, 피아트 문서고)

트라우마틱하고 드라마틱한

1970년대 피아트 공장들의 "영구 갈등"은 사용자와 노동자 사이에 전개된 길고 지루한 헤게모니 투쟁의 견지에서 이해할 수 있다. 그람시의 유명한 표현을 빌리면, 이 갈등은 "낡은 것은 죽고 새로운 것은 태어날 수 없는" 교착 상태에서 전개되었다. 피아트 노동자들의 '새로운' 운동은 '낡은' 정당과 노조에 의해 적절히 대변될 수 없었고, 피아트 경영진도 '낡은' 권위를 회복하고 강화할 '새로운' 방법을 모색하고 있었다. 이 과정에서 노동계급의 혁명 정당을 자처한 공산당보다 피아트 경영진이 훨씬 더 의식적이고 혁명적인 것으로 드러났다. 최고경영진의 일원인 가루초Giorgio Garuzzo는 "4만 인 행진"이 피아트의 주도면밀한 계획 아래에서 이루어졌음을 암시하면서 "자본주의의 궁극적 승리"에 대한 마르크스의 예언이 "토리노 거리에서 실현"되었다고 회고했다. 그러면서 사실상 모든 일을 배후에서 연출한 로미티를 레닌에 비유했다.[1] 자본이 계급투쟁을 주도한다는 사실은 1920년과 마찬가지로 1980년에도 입증된 셈이다. 아넬리 회장도 공장의 상황이 여전히 뿌연 안개 속에 있던 1978년 5월에 개최된 이사회에서 놀랍게도 마르크스주의적 용어들을 구사하면서 자신이 계급투쟁에 참여하고 있다는 의식과, 적들보다 훨씬 멀리 내다보는 전략을 갖고 있다는 자신감을 숨김없이 드러냈다. "마르크스주의 진영의 경제학자들은 아마도 이 체제가 확대 재생산 도식은커녕 그저 단순 재생산 도식에 따라 작동한다고 말하는 것을 즐길지 모르지만, 그들이 이 사실에 마냥 기뻐할 수는 없을 것입니다."[2]

그렇다면 1980년 침묵의 가을은 1969년 "뜨거운 가을"에 종지부를 찍으며 피아트 경영진이 헤게모니를 획득한 순간이라고 하겠다. 이제 피아트는 자본과 노동의 관계에서 완벽한 힘의 우위를 바탕으로 새로운 전환을 시도할 것이었다. 반면, 노동은 패배의 후유증에 시달려야 했는데, 1980~83년에 피아트 해고 노동자 중 300명 이상이 자살했다는 충격적인 사실이 그런 패배의 비극성을 드러낸다.[3] 노동의 패배는 가히 총체적이고 영구적이었다. 노동은 자본과의 세력 관계 속에서 벌인 권력 투쟁에서 **정치적으로** 패배했을 뿐만 아니라 시민사회의 동의를 얻는 경쟁에서도 **문화적으로** 패배했고, 자본은 1980년 이후로 결코 세력 관계의 역전을 허용하지 않았다. 그리하여 1980년 이후 토리노의 자본과 노동의 관계는 자본의 주도권 아래에서 "트라우마틱하고 드라마틱한 변화"를 통해 영구히 바뀔 것이었다. 이 변화를 폭넓게 신자유주의적 전환으로 표현할 수도 있지만, 토리노의 맥락에서 그런 전환의 핵심은 포드주의에서 포스트-포드주의로의 전환이었다. 그리고 포스트-포드주의적 전환의 실체는 "급속하고도 완벽한 탈산업화"였다.[4]

탈산업화를 토리노만 경험한 것은 아니었다. 1970년대 말부터 1990년대 초까지 이탈리아의 주요 산업 도시들은 모두 탈산업화 과정을 거쳤다. 가령 "이탈리아의 스탈린그라드"라는 별명이 붙여질 정도로 공산당의 영향력이 막강했고 파시즘에 맞서 투쟁한 노동계급의 전통이 뿌리 깊었던 밀라노 근교의 세스토 산 조반니Sesto San Giovanni는, 탈산업화를 거치며 노동자 수가 4만 명에서 3천 명으로 급감했다. 한때 브레다Breda와 팔크Falck, 마녜티마렐리Magneti Marelli 등 유수의 공장들이 즐비했던 이곳은 1990년대 말에 산업 도시의 이미지를 벗고 기술과 서비스의 새로운 중심으로 탈바꿈했다. 한 신문은 교사에게 다음과 같이 묻는 학생들의 질문을 기사로 실어 세상의 변화를 실감하게 했다. "정말로 세스토에도 공장들이 있었나요?"[5]

이탈리아 포드주의의 요새인 피아트도 비슷한 운명을 겪었다. 피아트 자동차 부문 노동자 수는 1979년과 1987년 사이에 13만 9천 명에서 7만 8천 명으로 격감했고, 그중 토리노의 주력 공장 미라피오리의 노동자 수는 1968년의 5만 3천 명에서 1995년의 2만 6천 명으로 곱절 이상 줄었다(미라피오리는 지금도 가동되고 있지만, 노동자 수는 6천 명으로 급감한 상태이다). 피아트는 이미 1980년대 이래로 생산의 탈집중화(탈토리노화)와 자동화(로봇화)를 체계적으로 진전시켰다. 피아트의 주력 자동차들은 미라피오리가 아니라 비엘라Biella와 포밀리아노, 멜피 등 다른 지역들이나 헝가리와 폴란드 등 다른 나라들에서 제작되었다. 1997년경의 시점에 미라피오리의 전체 구역 120만 평방미터 중 가용된 면적은 3분의 1에 불과했다.[6] 또한 피아트는 1980년대 중반에 이미 1,400대의 로봇을 운용했는데, 이는 이탈리아 전체 로봇의 절반에 해당했다. 이제 공장은 "노동자들로 가득 찬 어둡고 시끄러운 장소에서 깨끗하고 조용하며 상대적으로 여유 있는 공간으로" 바뀌었다.[7] 이런 탈산업화 과정을 통해 낡은 발레타 체제는 일소되었고, 그 결과 토리노의 도시적·사회적 삶에 대한 피아트의 주도성은 예전보다 훨씬 더 간접적이고 취약해진 것이 사실이다. 더욱이 피아트는 생산 중심 전략에서 탈피하여 시장의 변화에 민감하게 반응하면서 국제적 상황 변화와 금융 논리를 절대적으로 따르는 모습을 보이기 시작했다.

그렇다면 피아트는 바우만Zygmunt Bauman이 말하듯이 영토에 뿌리내린 자본과 노동의 상호의존성에 기초한 "무겁고 견고한" 근대성에서 탈영토화된 자본과 소비자 또는 자본과 금융의 결합에 기초한 "가벼우면서도 녹진한" 근대성으로의 이행을 전형적으로 보여주는 사례라고 할 것이다.[8] 이를 고체성의 무거움에서 기체성의 가벼움으로의 이행이라고 표현할 수도 있다. 곧 "노동이라는 다이아몬드"가 "파편들"로 부서지는 과정이거나 "크리스털"과 같은 포드주의가 포스트-포드주의 모델로 "연기"처럼 흩어지는 과정이라고 할 수 있다.[9] 이 **기체화** 과정에서 노동계급 정체성도 공기 중으로 흩어진다.

피아트 노동자 거주 지구인 미라피오리 수드Mirafiori Sud에서 벌어진 일은 노동계급의 해체를 여실히 보여준다. 원래 이 지구에서는 1970년대 중반만 해도 공산당 득표율이 50퍼센트가 넘었지만, 1987년 총선에서 35퍼센트로 크게 줄고 1994년에는 베를루스코니Silvio Berlusconi의 우파 정당 후보가 당선되었다. 특히 1980년대 미라피오리 수드에서 주민 자치로 운영되던 중앙난방을 둘러싼 갈등이 의미심장하다. 중앙난방 비용이 치솟아 연료비 부담이 커지자, 전체 260가구 중 96가구가 개별 라디에이터 체제로 전환했고, 그 뒤로 상황은 노동자 가구들 사이의 분쟁과 폭력 사태로 얼룩졌다. 한 관찰자는 그런 사태 속에서 "어떤 형태로든지 노동자들의 정체성이 끝내 해체되는 과정"을 목격했다. "거주자들의 절대 다수가 노동자들이라고 할지라도, 노동자 거주 지구는 더 이상 존재하지 않는다."[10]

그런 기체화 과정에서 '계급'이나 '국민'과 같은 전통적인 개념들 대신 민족 영토와 국가 주권에서 절단된 '물티투도multitudo,' 즉 다중多衆이라는 개념이 등장한다. 보노미Aldo Bonomi와 비르노Paolo Virno, 네그리Antonio Negri 등이 적극적으로 사용한 이 개념은 원래 홉스와 스피노자 등에서 유래한 것이다. 홉스에 따르면, '물티투도'란 국가 형성 이전의 개인들의 앙상블을 가리키는데, 이는 사회 계약을 통해 '포풀루스populus,' 즉 국민으로 변형된다. 한편, 스피노자는 '물티투도'에서 '포풀루스'로의 변형이 완전히 이루어지지 않음으로써 '물티투도'가 잔여로 남아 국가를 위협한다고 보았다. 그렇다면 다중은 "새로운 계급이나 새로운 국민이 아니라 (각각 포드주의적 대량생산과 민족국가의 패러다임과 연결된) 계급과 국민의 범주가 위기에 빠진 뒤에 남아 있는 것"이라고 할 수 있다. 헤닝거Max Henninger는 보노미를 인용하며 이 다중을 진보적 주체로 보는 입장을 문제 삼으면서 포스트-포드주의 시대의 다중은 지방주의와 포퓰리즘의 원천이 될 수 있다고 본다.[11]

파비오 레비 역시 계급과 국민이 탈색된 포스트-포드주의 세대의 위험성에 대해 경고한다. 그에 따르면, 토리노로 이주한 남부 이민자 1세대는 점차 "피에몬테인"이라는 새로운 정체성을 획득하게 되었지만, 여전히 진짜는 아니라는 한계를 인식하고 있었다고 한다. 이들에게 남부는 단순히 먼 과거의 것이나 노스탤지어의 대상이 아니라 구체적이고 현재적이었다. 여전히 남부에는 부모님과 형제들이 살아가고 있었고 유년 시절의 기억도 생생하며 거기서 일어나는 일들은 관심을 끌었다. 반면, 남부 이민자 2, 3세대는 부모 세대보다 훨씬 더 토리노 사람이라고 느꼈다. 그럼에도 남부 출신이라는 사실은 완전히 없어지지 않고 교육과 취업에서도 차별받는 상황에서 그들은 오히려 "더욱 전형적인 **피에몬테적 수단**이나 담론을 통해 욕구불만과 저항 의지"를 표출했다. 이런 감정과 태도가 북부 독립을 추구하는 지역주의 포퓰리즘 정당인 '북부동맹Lega Nord'의 모체일지도 모른다.[12] 이런 분석이 맞는다면 남부 출신 노동자들의 자식 세대가 역설적이게도 남부에 대한 차별과 북부의 우위를 주장하는 정당의 지지기반이 된 셈이다. 이 포스트-포드주의 시대의 남부 이민자들은 헤닝거가 지적한 다중의 위험성을 예시하는 훌륭한 사례처럼 보인다.

다시 피아트로 돌아오면, 이 토리노 기업은 1990년대 초부터 심각한 위기에 직면했다. 점점 더 치열해지는 세계 자동차 시장에서 피아트 자동차들은 브랜드 가치 하락을 감수해야 했고, 피아트 그룹은 주력 부문인 자동차뿐만 아니라 금속, 철도, 항공, 군수, 보험, 건축, 유통, 정보통신, 언론 등 실로 다방면의 사업들을 방만하게 운영하는 과정에서 재정적 어려움을 겪었다. 2002년 피아트 그룹은 명백한 위기 국면에 빠져들었다. 피아트 자동차의 주요 부문을 해외로 옮기려는 계획이 알려지자, 노조 측은 이를 "탈영 전략"이라고 비난하고 나섰다.[13] 사실, 이런 생산 설비 이전은 사용자 측이 노동자들과의 협상에서 활용할 수 있는 강력한 카드로서, 세계화가 자본의 그런 자유로운 움직임을 가능하게 했다. 1920년 창업자 조반니 아녤리가 어렵사리 염두에 두었던 자본의 해외 이전은 21세기에 일상적인 수단이 되었다. 그럼에도 2002년은 1920년이야 말할 것도 없고 1980년과도 달랐으니, 당시의 헤게모니가 이번에는 없었던 것이다.[14]

한편, 2003년 1월 잔니 아녤리 회장이 사망하고 이듬해 5월에는 후임자 움베르토 아녤리 회장까지 사망하면서 피아트의 혼란이 가중되었다. 유동성 위기를 겪던 피아트는 미국 GM과 인수 협상을 벌였는데, GM이 주저하는 모습을 보이자 피아트는 아녤리 가문의 지분과 자산의 매각을 통해 자구책을 마련코자 했다. 이윽고 2004년 회장에 코르데로Luca Cordero di Montezemolo, 부회장에 잔니 아녤리의 외손자 엘칸John Elkann, 대표이사에 마르키온네Sergio Marchionne가 각각 취임하며 최고경영진의 라인업이 근본적으로 바뀌었다. 새 경영진은 미국 크라이슬러Chrysler의 지분을 인수하며 세계 시장을 적극적으로 공략했다(2014년 피아트 크라이슬러 오토모빌스가 탄생했다).[15] 오늘날 피아트는 피아트 크라이슬러와 프랑스의 푸조 시트로엥Peugeot Citroën의 PSA 그룹이 합병하여 탄생한 스텔란티스Stellantis의 일부이다. 어쨌든 침몰할 듯했던 피아트는 더 큰 전체의 부분으로서 헤게모니의 위기를 헤쳐 나간 듯하다.

피아트의 인수합병과 경영권 변화에서 주목할 점은 역시 자본과 노동의 관계이다. 시칠리아 팔레르모 인근의 피아트 공장 테르미니 이메레세Termini Imerese와 나폴리 인근의 포밀리아노 다르코Pomigliano d'Arco 공장—나폴리 출신 철학자를 기념하여 "잠바티스타 비코Giambattista Vico" 공장으로도 불린—의 운명이 흥미롭다. 2010년 마르키온네는 시칠리아처럼 외진 곳에 공장을 운영할 때 자동차 1대당 물류 비용이 1천 유로가 더 든다는 점을 제시하며 테르미니 공장의 폐쇄를 결정했다. 노동자들은 물론 관계부처 장관도 이 결정이 "어리석은" 것이라고 비난했지만 계획은 진행되었다. 반면, 포밀리아노의 경우는 폴란드 공장에서 제작되는 자동차 생산을 다시 가져오는 것이었다. 피아트 경영진은 7억 유로를 투자하여 현대적인 "린lean" 생산 구조를 포밀리아노에 갖추겠다고 제의했다. 그동안 **공장 이전**의 위협이 "기업가들이 사용한 주된 협상 수단 중 하나"이자 동시에 노동자들의 입장에서는 "세계화의 일그러진 얼굴"이었음을 고려하면, 이 제의는 새로웠다. 그러나 이는 최대한의 생산성과 노동 유연성을 확보하기 위해 경영진이 제시한 노동 조건의 수용을 전제로 한 것이었다. 조건은 18주 교대 근무와 24시간 공장 가동, 주당 6일 근무, 종래의 20분간 휴식 2회를 10분간 휴식 3회로 바꾸는 것, 그리고 무엇보다 논란이 된 유급 병가 제한과 파업을 비롯한 집단행동 금지에 대한 것이었다. 포밀리아노 노동자들은 투표를 통해 62퍼센트의 찬성으로 경영진의 협약 조건을 받아들였다. 경영진은 포밀리아노의 선례를 곧 토리노 미라피오리 공장에도 적용하고자 했는데, 여기서는 저항이 거셌으나 54퍼센트의 노동자들이 찬성표를 던졌다.[16]

이런 사례들은 경영진의 입장에서 볼 때 노동자들과의 협상에서 선택의 폭을 넓혀주는 세계화의 조건하에서 노동의 완전한 순응을 바탕으로 자본과 노동의 관계를 안정화하는 것이 혁신의 대전제였음을 시사한다. 요컨대 포밀리아노와 미라피오리 공장의 노동 협약은 자본과 노동의 관계가 오늘날의 자본주의에서도 여전히 핵심적이라는 사실을 잘 보여준다. 다만, 문제는 21세기의 자본주의에서 노동이 자본의 힘에 비해 너무나도 약해 그 관계가 종종 시야에서 사라지곤 한다는 것이다.[17]

오늘날 토리노는 더 이상 피아트의 도시가 아니다. 피아트의 포드주의 혁명은 갑자기 찾아왔다가 서둘러 가버린 듯하다. 피아트의 본사도 암스테르담으로 날아가버렸다. "고잉 글로벌going global"[18]이라는 말이 자꾸 귓가에 맴돈다. 여전히 토리노 미라피오리의 조립라인은 돌아가지만, 비중은 현저하게 축소되었다. 피아트의 아성이었던 토리노에는 외국 자동차 브랜드들이 대거 진출해 있다. 포스트-포드주의로의 전환을 통해 토리노는 "회사-도시"에서 탈피하여 "서

비스와 정보통신 부문들과 연관된 수백 개의 마이크로 기업들microimprese"과 "BMW나 메르세데스와 같은 외국 회사들," 그리고 대다수의 자영업자들과 비정규직 노동자들의 도시로 변모했다. 특히 조직 노동자들에 대한 반감이 비조직 노동자들과 실업자들 사이에서 강해졌고, 이로부터 "노동의 자유"를 표방한 신자유주의적 노동 유연화 정책이 호감을 얻으며 추진되었다. 그러나 유연 노동은 프롤레타리아트를 **프레카리아트**로 바꾸었을 뿐이다. 토리노의 일자리는 줄어들고 불안정해졌으며, 다른 도시들로 이동하여 일하는 사람들이 늘어났다. "도시의 공허"나 사람들이 거주하지만 실제로 "살아가지 않는" 도시라는 자조 섞인 말들이 나오는 것도 우연이 아니다.[19]

그러나 2006년 토리노 동계 올림픽은 이 도시가 다른 정체성을 발전시킬 역량이 있음을 보여주었다. 토리노의 역사를 쓴 올리바는 스펙터클한 올림픽 폐막식을 거론하면서 "소진되어가는 막간의 황금시대에 대한 멜랑콜리"는 찾아볼 수 없다고 자신한다. 그는 토리노가 1563년 2월 7일 에마누엘레 필리베르토에 의해 정치 수도가 된 이래, 18세기 초 비토리오 아메데오 2세와 건축가 필리포 유바라의 노력으로 유럽의 위대한 도시들과 어깨를 견주는 아름다운 도시가 되었다는 것, 1849년부터 1864년까지 리소르지멘토의 문화와 정치의 중심지이자 새로운 이탈리아의 수도가 된 사실, 다시 수도의 지위를 피렌체와 로마에 넘겨준 뒤 피아트로 상징되는 새로운 경제와 산업의 중심지가 되었다는 사실을 상기시킨다. 그런 토리노의 역사가 증언하는바, 이 도시는 항상 새로운 정체성을 유연하게 추구할 줄 알았다. 다시 올리바에 따르면, 1980년대와 90년대의 위기를 겪은 뒤 21세기의 토리노는 "아름다움의 취향을 재발견한 도시"가 되었다. 문화와 관광에 대한 투자가 확대되며 방치된 산업 지구들이 재활용되고 도시가 미학적으로 변형되는 과정을 통해 문화 수도로서의 새로운 정체성이 발전하리라고 쉬이 예상할 수 있다는 것이다.[20]

그러나 미래에 대한 희망보다는 과거에 대한 **노스탤지어**가 도시를 짙게 감싸고 있는 것도 현실이다. 풋John Foot에 따르면, 특히 전통적인 좌파와 노동자들 사이에서 거대 공장과 대규모 노동계급이 있었던 시기에 대한 노스탤지어가 강하다고 한다. "기묘한 이데올로기적 전환을 통해 포드주의 공장에 대해 사람을 짐승으로 만드는 어두운 사탄의 조직이라고 낙인찍었던 비판자들이 지금은 그 공장들의 귀환을 갈망하고 있다. 또한 비판자들이 그 이전의 경제 붐을 낙인찍었던 방식으로 일종의 '새로운 묵시록'이 좌파에게서 형체를 드러내며 '1980년대'를 어둡게 묘사하기 시작했다. 이렇듯 거대 산업에 의해 생산되었다고 가정된 긍정적 효과들—공동체, 생산, 심지어 법적 규제—이 낭만적으로 치장되면서 최초의 '경제 기적'에 대한 재평가가 이루어졌다."[21] 이처럼 노스탤지어는 과거에 비판의 대상이었던 것을 동경의 대상으로 바꾸는 이데올로기적 곡예를 통해 오늘의 실패와 내일의 불확실성을 보상받으려는 감정적 장치인 것이다.

그런가 하면 토리노는 노스탤지어의 증상이라고 할 **멜랑콜리**로 에워싸인 도시이다. 노스탤지어와 멜랑콜리는 서로 중첩되지만 미묘하게 구분되기도 한다. 스크리브너Charity Scribner의 설명이 인상적이다. 그는 멜랑콜리가 과거에 대한 노스탤지어가 아니며, 노스탤지어가 '상실'에서 비롯된다면 멜랑콜리는 '결여'에서 유래한다고 보았다. 바꿔 말해, 노스탤지어가 한때 소유했으나 상실한 대상을 그리워하는 감정인 반면, 멜랑콜리는 실제로 가져본 적 없는 대상의 상실로 느끼는 슬픔이다. 따라서 노스탤지어적인 주체는 상실한 대상을 다시 획득하려고 하지만, 멜랑콜리적인 주체는 상실한 대상에 원래부터 있던 결여를 응시하며 "자신이 실패한 장소들로 되돌아가려는 충동"이 강하다고 한다.[22] 프로이트Sigmund Freud식으로 말하자면, 그런 멜랑콜리는 애도mourning를 통해 상실의 현실을 인정함으로써 해소될 수 있다. 그렇다면 해소되지 않은 멜랑콜리란 곧 "완료되지 않은 애도"인 것이다.[23] 이런 맥락에서 오늘날 토리노가 멜랑콜리에서 벗어나 미래의 희망을 꿈꾸기 위해서는 애도의 과정이 필수적일 수 있다.

끝으로, 애도 이상을 말하는 사람도 있다. 트라베르소

Enzo Traverso는 이른바 "좌파 멜랑콜리"의 창조성에 주목하면서 우리가 상실한 것을 애도하는 한편, 애도에도 불구하고 남아 있는 잔여 공간을 회복된 전투성으로 채워야 한다고 주장한다. 특히 역사학자들은 "목격자"이자 "망명자"라는 이중적 위치에서 한편으로 상실을 애도하고 다른 한편으로 전투성을 회복하여 기억을 역사로 다시 쓰는 일에 나서야 한다고 제안한다. 그는 역사가 기억으로 치환되면서 어떤 것은 기억되지만 다른 것은 망각되는 오늘날의 현실에서, 이를테면 혁명과 반파시즘에 대한 망각에 저항하고 그에 대한 기억들을 역사로 변환하는 작업이 필요하다고 역설한다.[24] 만일 멜랑콜리가 결여를 응시하며 실패한 지점으로 되돌아가려는 충동이 강하다면, 결여를 채우고 실패한 지점을 기억하려는 욕구가 그런 작업의 출발점이 될 것이다.

확실히, 결핍감과 실패의 회한은 사람을 움직여 무언가를 하게 만들 수 있다. 20세기의 토리노에 대한 기억들이 어지럽게 뒤얽혀 살아 있는 지금, 아녤리나 발레타와 같은 혁신적 기업가들과 피아트의 혁명적 노동자들, 고베티와 그람시를 비롯한 진지한 반파시스트 지식인들이 존재의 한계를 뛰어넘으려고 투쟁하면서 보여준 성공과 실패를 어떻게 애도하고 기억하며 역사화할 것인지 고민해야 한다. 그래서 투쟁의 기억들을 자유의 역사로 변환하는 작업에 나서야 한다.

작은 자유, 큰 자유

토리노의 20세기를 한마디로 요약할 수 있을까? 마음을 다 잡고 말하자면, 자유를 위한 투쟁으로 표현할 수 있을지 모른다. 토리노는 다른 어떤 도시보다 이 투쟁이 직설적이고 단호하게 벌어진 공간이었다. 이 도시에서는 공장의 굴뚝에서 뿜어 나오는 연기와 자욱한 투쟁의 연기가 잘 구분되지 않는다. 그런데 굳이 구분할 필요가 있을까? 우리 눈에는 두 가지 연기가 모두 자유를 위한 투쟁에서 나온 것으로 보인다. 피아트의 도시 토리노의 공장들이 뿜어낸 연기는 무엇보다 생산 활동과 상업 활동의 자유, 즉 고베티가 말했듯이 "좋은 시민"이 될 자유, 또는 그 전제로서 "좋은 부르주아"가 될 수 있는 자유.[1] 기아와 궁핍으로부터의 해방, 자동차가 상징하는 이동의 자유, 피아트가 주도한 "경제 기적"이 이탈리아인들에게 선사한 경제적 여유, "경제 기적"의 상징인 가전제품들이 허락한 가사노동으로부터의 자유 등 근대 사회의 일상적 자유들을 가능하게 했다. 그러나 이 자유들은 소중하지만 위기의 순간에 스스로를 지킬 힘은 부족했다. 가령 공장의 포드주의적 조립라인의 톱니바퀴들에 끼인 자유들과 파시즘에 억압된 자유들, 포스트-포드주의와 신자유주의적 세계화가 초래한 삶의 불안정성에 내몰린 자유들을 도처에서 볼 수 있다. 그런 위협받는 자유를 지키기 위해 위기의 순간마다 토리노의 노동자들과 지식인들이 또 다른 자유를 외쳤다. 이는 일상적 자유를 지키는 혁명적 자유라고 할 수도 있고, 고베티식으로 말하면, 권리로서의 자유를 보장하는 자율성으로서의 자유라고 볼 수도 있다.

이 두 개의 자유는 지젝Slavoj Žižek의 표현을 빌려 달리 표현할 수도 있다. 지젝에 따르면, 첫번째 자유는 일상적으로 향유하는 구체적 자유로서 '리버티liberty'이고, 두번째 자유는 '리버티'가 위험에 빠질 때 등장하는 추상적 자유로서 '프리덤freedom'이라고 말할 수 있다.[2] 그는 이 두번째 자유를 진정한 자유라고 말하는데, 1944년에 사르트르Jean-Paul Sartre가 "독일 점령기만큼 자유로웠던 적은 없었다"라고 말했을 때의 바로 그 자유와 똑같다는 것이다. 사르트르에 따르면, "나치의 맹독이 우리의 사고를 해치고 있었기에 자유로운 사고 하나하나가 전부 승리였다. 우리의 투쟁 상태는 끔찍할 때가 많았어도 이 피폐하고 견디기 어려운 상황, 이른바 인간 조건이 우리에게 열린 삶을 허용했다."[3] 이 사르트르의 자유는 정확히 고베티의 자율성으로서의 자유의 개념과 일치한다. 나아가 자유에 대한 고베티와 지젝의 구분을 겹쳐보면, 첫번째 자유는 특정한 법과 규범 아래의 일상적이고 구체적인 권리로서의 자유이고, 두번째 자유는 법과 규범을 무너뜨리거나 다시 세울 힘을 가진 자율적이고 혁명적인 자유일 것이다. 또는 달리 표현하자면, 일상적이고 구체적인 자유는 기성의 국가에 대한, 국가로부터의 자유이고, 자율적이고 혁명적인 자유는 스스로 국가가 되는 자유라고 말할 수 있다.

여기서는 나탈리아 긴츠부르그의 작은 덕과 큰 덕의 구분을 기억하면서 자율적이고 혁명적인 자유를 단수의 **큰** 자유로, 일상적이고 구체적인 자유를 복수의 **작은** 자유로 부를 것이다. 물론 크다고 중요하고 작다고 사소한 것은 아니다. 큰 자유의 목적은 어디까지나 작은 자유들을 지키는 것이다. 우리는 이 작은 자유들을 잃고 나서야 그 자유들이 얼마나 소중한지 깨닫곤 한다. 파시즘의 경험이 이를 뒷받침한다. 사실, 작은 자유들을 누릴 수 없는 사람이 누구인가? 바로 노예이다. 노예는 가고 싶은 곳에 갈 수 없고 바라는 대로 살 수 없는 존재이다. 시민에게는 흔한 일상적이고 구체적인 자유들이지만 노예에게는 진정 귀하다. 고베티는 작은 자유들을 목졸라 시민들을 노예 상태에 빠뜨린 파시즘에 저항했다. 따라서 파시즘에 맞선 큰 자유는 작은 자유들의 파수꾼이다. 여기서 큰 자유의 진가가 나타난다. 작은 자유들은 소중하지만 거기에만 몰입하면 큰 것을 놓칠 수 있다. 정말로 중요한 것이 무엇인지 크게 돌아보고 굽어보는 능력이야말로 작은 것들을 지킬 수 있는 파수꾼의 자질일 것이나. 고베티는 우리들 각자가 언제나 노예 상태와 어떤 관계에 있는지 성찰해볼 것을 주문하면서 자신이 가장 좋아한 19세기 지식인 알피에리 **Vittorio Alfieri**의 구호를 반복했다. "내 언어는 노예의 것이 아니다."[4]

그러나 거듭 강조하거니와, 작은 자유들에만 집착하는 것이 맹목적이라면, 작은 자유들을 지키지 못하는 큰 자유는 공허할 것이다. 그런 공허함과 관련하여 자유의 조건을 논한 겔너**Ernest Gellner**의 주장이 흥미롭다. 그는 혁명적 열정과 마르크스주의 교리에 기초한 볼셰비즘의 경우에 열정이 감퇴한 시기에 "관례화routinization와 타협"을 통한 "출구"를 제공하지 못함으로써 자유로운 시민사회가 아니라 정치적으로 비타협적인 세계만을 낳았음을 지적했다. 이와 대조적으로, 칼뱅주의의 경우에는 열정의 퇴조기에 경제 활동에 전념할 수 있는 적절한 "출구"를 제시함으로써 "자유liberty"에 기여했다고 본다.[5] 겔너의 견해에 대해서는 이견이 있을 수 있으나 그가 말하려는 요점, 즉 열정이 자유를 침해해서는 안 된다는 문제의식은 음미할 만하다. 이 교훈을 우리가 논하고 있는 두 가지 자유라는 쟁점에 적용하면, 혁명적 자유에서 혁명이 자유를 넘쳐서는 안 되고, 혁명적 자유는 일상적 자유를 돌볼 수 있어야 한다고 말할 수 있다. 자유와 혁명 사이의 거리보다는 근접성을 강조해야 하는 까닭이 여기에 있다. 요컨대 일상적이고 구체적인 자유와 자율적이고 혁명적인 자유, 즉 작은 자유들과 큰 자유는 서로를 필요로 하므로 양자는 의외로 가까울 수 있고, 마땅히 가까워야 하며, 실제로 가깝다.

피아트의 역사가 보여주듯이, 작은 자유들이 일상적이고 평범하고 때로 소소하게 보인다고 해서 쉽게 획득된 것은 결코 아니다. 이 자유들은 혁신이라는 말로도 부족한 혁명적 과정을 통해 얻은 과실이었다. 이탈리아에서 포드주의 혁명은 피아트가 링고토 공장을 설립한 1920년대에 이미 시작되었다. 이 혁명은 1950~60년대에 절정에 달해 이탈리아의 "경제 기적"을 낳았다. 이 혁명/기적은 아마도 홉스봄Eric Hobsbawm이 말했듯이 진정한 의미에서 중세에 마침표를 찍은 "인류사에서 가장 크고 가장 극적이고 가장 급속하고 가장 보편적인 사회적 변화"를 수반한 것으로 보인다.[6] 이로써 사회는 처음으로 농촌적인 세계에서, 굶주림이 지배적인 사회에서 탈피했다. 그런 점에서 피아트가 일궈낸 혁신과 혁명은 결코 사소한 것이 아니다. 링고토 공장에 대해 고베티와 그람시가 얼마나 경탄했는가? 특히 피아트 노동자들의 역할에 큰 기대를 걸고 있었던 이 젊은 지식인들이, 자신들의 경쟁자였던 아녤리와 같은 근대 기업가들이 세운 문명으로부터 얼마나 많이 배우려고 했던가? 예컨대 그람시는 그들이 산업 문명을 일구어내기 위해 기울였던 일체의 노력을 이해하지 않고 새로운 질서를 만들어낼 수 없음을 명철하게 인식하고 있었다.

그러나 피아트는 힘과 힘이 서로 양보 없이 충돌한 세계였다. 그런 충돌 과정에서 많은 것이 생산된 만큼이나 많은 것이 상실되었다. 서로 다른 사회 발전의 비전을 갖고 있던 혁신적 기업가들과 혁명적 노동자들은 서로에게 없어서는 안 될 존재였지만 화해할 수 없는 적수이기도 했다. 마치 에리 데루카의 짧지만 장대한 소설인 『나비의 무게』에 나오는 알프스 고산 지대의 사냥꾼과 산양 왕의 관계처럼 말이다.[7] 폭풍의 한 세기 동안 양자는 승자가 모든 것을 가져가는 투쟁에서 승리와 패배를 번갈아 나눠 가졌다. 1912~13년 대규모 파업들이 있었지만, 아넬리는 위기를 넘어섰다. 1919~20년에 넘실댔던 붉은 물결의 아노미는 경영의 헤게모니로 이어졌다. 1945~46년 노동자들은 승리를 만끽했으나, 이는 오래가지 않았다. 1950년대에 자본은 노동의 동의에 기초하여 확고한 우위를 점했으니 말이다. 1962~63년 노동자들의 저항의 파고가 갑자기 높아졌다가 경영권에 재흡수된 후, 1968~69년 노동자 투쟁의 빅뱅 이래 노동자들은 긴 시기에 걸쳐 승리감에 들떴다. 그러나 1980년 경영진은 최종적으로 권위를 회복했다. 이 오랜 충돌의 역사는 포아가 말하듯이 "오늘은 너, 내일은 나라는 투의 승리와 설욕의 정신 상태"를 조장했다.[8] 동의와 지도의 순간은 짧았고, 강압과 지배의 시기는 길었다. 안정된 헤게모니는 토리노 어디에도 없었다. 따라서 실은 진정한 승자도 없고 진정한 패자도 없는 셈이었다. 그리고 아무도 없었다.

헤게모니는 복잡하게 설명하지 않는다면 자신의 이익을 희생하고 상대방의 요구를 수용할 때 가능하다. 헤게모니는 거저 얻는 것이 아니다. 존스Steve Jones가 지적하듯이, 그것은 "피지배층이 충분히 먹고, 직장에서 임금을 받으며, 의료보험에 들고, 보육 시스템을 이용하고, 휴일을 향유할 수 있다고 보증해준다. 피지배층의 마음과 정신을 사로잡기 위해 오랫동안 공을 들이는 것이다." 또한 헤게모니는 끝없는 과정이라서 "권력을 얻기 전에 지도력을 발휘해야 하나, 권력을 획득한 후에도 그들[서발턴들—인용자]을 '이끄는' 일은 마찬가지로 계속되어야 한다."[9] 그러나 한 세기가 넘는 피아트의 역사에서 헤게모니는 일시적이었다. 1920년과 1945년, 1950년대, 1980년에 헤게모니가 거품처럼 일었다가 꺼져버렸다. 자비 없는 투쟁 속에서 헤게모니는 사라지고 많은 자유들이 상실되었다.

이런 결여와 상실로부터 아마겟돈을 겪은 토리노의 멜랑콜리가 유래하는지 모른다. 즉 가져보지 못한 헤게모니에 대한 결핍감, 그리고 지금 아무도 없다는 고립감이 토리노를 안개처럼 감싼 멜랑콜리의 근원일지 모른다. 그런 점에서 토리노는 통념과는 달리 보편적인 "실험실"이기보다는 예외적인 "자유 구역zona franca"에 가깝다고 포아는 말한다. 다른 경우에 적용될 만한 모델이 아니라 "하나의 모순이요 영감의 요소"라는 말이다. 핏빛 전투의 흔적이 역력한 이 도시에서는 "갈등과 무질서를 통한 질서의 창출, 다양한 소요와 효율성 사이의 충돌"이 선명하게 부각되었다.[10] 그런 창조와 파괴의 어지러운 반복은 다른 어떤 도시에서도 반복될 수 없는 성질의 것이었다.

토리노의 "다름"은 그런 힘과 힘의 충돌 속에서 큰 자유의 개념이 나타났다는 데 있다. 과연 토리노는 자유를 지키는 자유의 요새였다. 작은 자유들의 산실이자, 위기에 빠진 작은 자유들을 구원하는 큰 자유의 요람이었다. 이 큰 자유는 파시즘의 억압으로부터 해방을 추구한 반파시즘과 잘 어울린다. 그와 같은 해방으로서의 자유는 피아트 노동자들의 혁명적 투쟁으로 표출되기도 했고, 고베티와 그람시 등의 반파시스트 지식인들의 자유 의지와 저항 사상의 형태로 표현되기도 했다. 파시즘과 반파시즘의 관계도 헤게모니보다 힘이 우세했던 무대처럼 보인다. 살바도리Massimo Salvadori가 날카롭게 지적하듯이, 이탈리아 현대사에 나타난 세 유형의 국가, 즉 자유주의 국가, 파시스트 국가, 민주주의 국가 모두에서 급진적 반대 세력은 위험한 "반체제anti-sistema" 또는 "반국가anti-Stato" 세력으로 낙인찍혀 권력으로의 길이 철저히 차단되었다.[11] 파시즘은 아마도 정치적 적을 "반체제"나 "반국가"로 간주하여 억압한 가장 극단적인 사례일 것이다. 그런 엄혹한 상황에서 반파시스트 세력도 모든 것을 걸고 투쟁에 나섰고, 여기서 비장하고 숭고한 용기와 희생의 윤리가 탄생했다. 반파시즘과 저항운동을 떠받쳤던 그런 윤리는 도덕 혁명이라고 말해도 좋을 치열한 지적·문화적 과정의 산물이기도 했다. 비록 토리노에서 파시즘의 체제와 문화에 정면으로 대항한 반파시스트 지식인은 소수였지만, 그들이 수행한 비타협적인 투쟁은 다른 어떤 도시에서도 발견하기 힘든 본보기를 제공했다.

그런 반파시즘 투쟁에서 큰 자유의 개념이 발전했다. 지젝이라면 진정한 자유나 본질적 자유라고 말했을 자율적이고 혁명적인 자유의 개념 말이다. 우리는 고베티와 그람시, 그리고 그 후예들을 통해 큰 자유를 사유하고 실천하는 방식을 배우게 된다. 어쩌면 이 자유는 융통성이 없어 부러지기는 하되 구부러지지 않는 종류의 경직된 자유일 수도 있다. 하지만 실은 그렇지 않다. 토리노 지식인들은 원칙을 견지하면서도 어디까지나 현실의 운동 속에서 수정하고 재조정하면서 자유의 개념을 풍부하게 살찌웠다. 가령 고베티는 뼛속까지 자유주의자였지만 현실의 토리노 노동운동을 가까이에서 지켜보며 이 새로운 요소를 자유주의적 원칙에 통합하려고 했다. 그람시가 논평했듯이, 노동계급의 투쟁이라는 현실을 떠나서 자유주의를 사유하지 않았다는 점이 다른 자유주의자들과 달리 고베티를 특별하게 만들어주었다. 프롤레타리아트가 주도하는 자유주의 혁명이라는 고베티의 발상은 자유주의＝중간계급, 사회주의＝노동계급이라는 전통적인 도식에 사로잡힌 보통의 자유주의자들과 사회주의자들에게는 모순이자 난센스에 불과했을 것이다. 하지만 고베티는 모순을 두려워하지 않았고 난센스에 굴복하지도 않았다. 이런 성향을 실용주의나 현실주의로 설명할 수 있을지도 모른다. 그러나 좀더 만족스러운 설명은 그가 오롯이 **진실**을 추구하기 위해 기성의 체계와 원칙을 기꺼이 허물거나 새로 맞춰나가려고 했다는 것이다. 바로 이것이 고베티의 자유주의에 독창성과 진정성을 부여하고 독자들을 감화시키는 이유일 것이다.

고베티와 그람시 이래로 토리노의 많은 반파시스트 지식인들도 현실의 운동에서 새로운 요소들이 나타나면 이를 기성 이론에 통합하려고 했고, 그런 과정에서 전체 이론이 바뀌거나 자기모순에 빠지는 것을 두려워하지 않았다. 즉 전체를 구하기 위해 부분을 희생하는 대신, 전체를 희생하면서도 부분을 포괄할 수 있는 더 큰 전체를 완성하려고 했던 것이다. 그들이 냉전적 진영 논리를 거부한 것도 그런 이유에서였다. 그런 점에서 고베티와 그람시의 친구들, 지엘리스트들과 행동당원들은 이데올로그나 도그마티스트가 아니라 진실의 추구자로 불려야 한다. 그들을 보고 있노라면 어린 시절에 몰두한 놀잇감인 슬라이딩 퍼즐이라는 것이 떠오른다. 평면의 조각판들을 하나의 빈칸을 이용해 이리저리 밀며 전체 그림을 맞추는 놀잇감이다. 정신없이 조각판을 움직이다 보면 얼추 미키 마우스의 얼굴이 맞춰지기 시작한다. 전체 그림의 3분의 1, 2분의 1의 윤곽이 맞춰지면 뿌듯한 기분이 든다. 그러나 불행히도 어느 순간 더 이상 전체 그림을 맞추기 힘들 때가 온다. 전체 그림을 완성하기 위해서는 그나마 겨우 맞춰놓은 부분을 다시 부숴야 한다. 그러면 퍼즐판은 엉망이 될 것이다. 엉망이 되는 것이 싫어 전체 그림을 완성하지 않고 부분적으로 맞춰진 그림에 만족할 것인가? 아니면 용감하게 맞춰놓은 부분을 허물어 변화를 추구하며 전체 그림을 완성하기 위한 과정에 재돌입할 것인가? 예컨대 고베티와 그람시를 아는 사람이라면 후자를 택하여 변화와 더 큰 차원의 진실을 추구할 것이다. 부분적으로 맞춰진 그림보다 전체 그림을 맞추기 위해 완전히 부서진 그림이 차라리 진실에 더 가까운 법이다. 이와 똑같은 논리에서 자유주의 혁명과 자유주의적 사회주의(사회주의적 자유주의 또는 자유주의적 공산주의), 수동 혁명(과 혁명/복고)과 같은 **형용모순**처럼 들리는 불완전한 개념들이 스테레오타입의 이론적 도식에서는 부서진 그림 같더라도 진실에 근접한 것이리라.

여기서 잠깐 '둥근 네모'와 같은 형용모순을 두려워하지 않는 성향을 이들의 경쟁자인 피아트 창업자 아녤리에게서도 확인할 수 있다고 해야 공정할 것이다. 이탈리아의 좁은 시장과 미국식 대량생산을 결합하려고 한 의지 자체가 형용모순처럼 보인다. 마치 자유주의적 공산주의라는 개념이 정치 이데올로기의 관점에서 말도 안 되는 엉터리처럼 보이듯이, 이탈리아의 대량생산도 경영학적 시각에서 극도로 어리석은 개념처럼 보인다. 나아가 아녤리는 대량생산과 조직적 유연성이라는 양립 불가능해 보이는 것들을 조합하고자 했다. 1930년대 말 거대한 미라피오리 공장을 지으면서 그가 염두에 둔 것은 대량생산의 가능성뿐만 아니라 상황에 따라 신속하게 생산을 바꿀 수 있는 가능성이었다. 그는 1939년에 피아트의 독창성에 대해 이렇게 말했다. "미국을 포함하여 이 세상의 어떤 공장도 피아트처럼 단일한 건물 안에서 자동차와 트럭, 항공기 엔진, 기계 설비 등의 다양한 유형의 제품들을 만들어내지 못한다."[12] 비록 미라피오리의 생산은 전쟁 발발로 계획대로 실현되지는 못했지만, 최대한의 효율성을 위해 서로 배치되는 원리들을 과감하게 결합하고, 이를 즉각 실행에 옮기는 기업가의 창의성과 결단력이 돋보인다.

다시 토리노 지식인들의 문제로 돌아오면, 고베티 전통의 급진적 자유주의 지식인들이 특히 위기에 강했던 것도 이때가 전체가 동요하고 재조정되는 때였기 때문이다. 평소에는 배제되었던 그들이 비상시국에 호출된 것도 자연스러워 보인다. 그들의 자유롭고 이단적인 생각과 행동이 그런 예외 상황에서 빛을 발할 수 있었으니 말이다. 가령 1960년 기민당의 탐브로니Fernando Tambroni 내각이 네오파시즘을 합법화하려고 시도하면서 발생한 위기 국면이나 그 직후인 1962년 중도-좌파 내각이 들어서는 이행 상황에서 파리와 같은 역전의 행동당 용사들이 호출된 것은 자연스러운 선택처럼 보인다. 그런가 하면 1990년대 초 이탈리아 제1공화국의 붕괴 상황에서 기민당 출신의 스칼파로Oscar Luigi Scalfaro가 대통령으로 최종 낙점되기 전까지는 행동당 전통에 있던 보비오와 데마르티노Francesco De Martino, 발리아니Leo Valiani와 같은 "위대한 노인들"이 대통령 후보로서 유력하게 거론되었다. 그런 점에서 우리도 그들처럼 형용모순을 두려워하지 않는다면, 그들은 '젊은 노인들'이었다. 그런데 데루나에 따르면, 이 역전의 용사들은 모든 종류의 거국 연립이나 거국 내각과 같은 이탈리아식 정치 관행을 거부하고, 말하자면 "운동 지향적movimentistica" 정치를 고수함으로써 현실 정치에서 고립되었다. 그럼에도 위기 때마다 이 노정치인들이 계속해서 호출되고, 또 그들은 그들대로 과거의 도덕적 자산에 기초하여 정치적 책임을 완수하려고 함으로써 결과적으로 행동당의 죽음이 끊임없이 연기되고 임종 직전의 고통이 지속되었다는 사실은, 어딘지 역설적이면서도 비극적인 데가 있다.[13]

확실히, 고베티와 행동당 전통의 지식인들과 정치인들은 극적인 위기와 이행이 전개되는 혁명적 고양기에 특유의 힘을 발휘하곤 했지만 혁명의 퇴조기에, 그리고 정치가 정상적으로 작동하는 시기에 작고 사소하며 일상적인 것에 머무는 법은 잘 알지 못했던 것 같다. 그들은 언제나 반복과 관행을 혐오했다. 그 자신 행동당 전통을 대변한 포아에 따르면, "그렇다면 불행한 반복적 대립으로서의 정치, **관례**routine와 정신적 나태의 문화로서의 정치에 대한 비판은 정당하다. 게다가 우발적인 정치적 전환과 **다른** 선택, 불연속성이 놀라움과 찬탄을 낳는다는 것은 잘 알려져 있다."

이 "다른 선택"과 그것이 낳는 "놀라움과 찬탄"에 대해 포아는 체스의 사례로 부연 설명을 시도한다. 이탈리아 체스에서 알피에레(비숍)와 토레(룩), 돈나(퀸) 등은 직선으로 움직이는 강력한 기물들인데, 그에 비해 카발로(나이트)는 상대적으로 약해 보인다. 그러나 실제 게임에서 놀라움과 찬탄을 낳는 것은 카발로라고 포아는 주장한다. 그에 따르면, 알피에레와 토레는 최대 14칸을, 돈나는 심지어 28칸까지 아우를 수 있지만, 게임을 지배하는 것은 고작 8칸밖에 못 움직이는 카발로라고 한다.[14] 카발로가 그럴 수 있는 것은 상대방이 뻔히 예측할 수 있는 직선의 움직임이 아니기 때문이다. 필요한 것은 일상과 관례에서 벗어난 혁명적 움직임이다. 비스듬하고 교묘한, 의표를 찌르는 움직임이라고 말해도 좋다. 비유는 비유일 뿐이지만 이런 비유에서 보자면, 토리노의 지식인들은 토레가 아니라 카발로였다.

토리노의 행동적 지식인들에게는 '혁명적 카발로'라는 비유가 잘 들어맞는 듯하다. 참고로, 토리노의 상징이 몰레 안토넬리아나Mole Antonelliana, 즉 '토레'임을 상기하면, 포아의 회고록 제목인 "카발로와 토레," 즉 "말과 탑"은 절묘한 대구를 이룬다. 포아의 말대로 체스에서 카발로의 움직임을 잘 활용하여 승부를 겨루는 과정이 혁명적일 수 있다면, 슬라이딩 퍼즐을 맞춰나가는 과정도 혁명적일 것이다. 큰 진실을 찾기 위해 애써 맞춘 작은 진실을 부서뜨리는 과정은 필시 자기극기요, 자기비판의 과정으로서 그 자체 혁명적이라고 할 수 있다. 언젠가 라캉Jacques Lacan은 혁명에 대한 물음 앞에서 "혁명이라고? 내가 바로 혁명이다"라고 응수했다고 한다.[15] 우리가 관찰한 고베티와 그람시, 나탈리아 긴츠부르그와 카를로 레비, 보비오와 포아, 판치에리와 안토니첼리 등 토리노의 지식인들도 (어조는 각기 달라도) 그와 같이 응수할 것 같지 않은가? 이들도 모두 우리들 각자가 먼저 바뀌어야 한다고 믿었을 것 같다. 바꿔 말해, 자유로운 인간이 되어야 자유로운 사회가 만들어지리라고, 그 반대는 아니리라고 믿었을 것 같다. 아닌 게 아니라 이런 믿음은 그들의 사상이 마르크스주의나 이른바 "과학적 사회주의"와 결정적으로 갈라지는 지점이기도 하다. 어쨌든 스스로가 혁명이라는 것은 정말로 멋진 일이 아닌가? 나아가 스스로 자유로운 인간이 된다는 것은 얼마나 아름다운 일인가! 그러나 이는 저 멀리 토리노의 배경으로 보이는 만년설의 알프스산맥처럼 보기에 멋지고 아름답지만 실제로 닿을 수 없는 곳이기도 하다. 바로 여기에 토리노의 혁명적 지식인들의 성공과 실패의 비밀이 있다.

이제 글을 마무리 지어야 할 때이다. 포스트-포드주의라고 부르든 신자유주의적 세계화라고 부르든 상관없이 오늘날 무수한 규칙들과 절차들, 관행들과 관례들의 억압적 그물망 속에서 혁신적 사유가 질식되고 한때 자기부정을 단행할 정도로 혁명적이던 자본조차도 자신이 쳐놓은 이 성가신 그물망에서 허우적대는 듯한 현실에서, 망각된 피아트와 토리노 지식인들에 대한 기억이 우리에게 돌파구를 제공해줄 수 있을까? 이를테면 산더미 같은 규칙들과 관례들 속에 묻혀 너무나도 바쁜 일상을 소비하는 우리에게 작은 것에 머물지 말고 중요한 것을 말하며 큰 덕을 행하라는 포아와 레비와 긴츠부르그의 권고가 얼마만큼 설득력이 있을까? 최소한 분명한 것은 그렇듯 일상의 관행에 얽매이지 않고 스스로 입법자가 되는 자율적이고 혁명적인 큰 자유가 일상적이고 구체적인 작은 자유와 부딪히기보다는 어울려야 한다는 사실이다. 하나는 다른 하나의 조건이자, 서로가 서로에 대한 보충이어야 한다. 여기서도 차이와 모순을 두려워하지 않고, 또 체계와 원칙에 집착하지 않고 서로 다른 것들을 아우르는 대범함이 필요할 것이다.

이탈리아의 북서쪽 변방에 위치한 토리노는 20세기의 서사적인 장렬한 투쟁을 통해 경제 혁명과 도덕 혁명이라는 거대한 두 개의 혁명을 성취하고 그 과정에서 위대한 두 개의 자유를 탄생시킨 혁신과 반란의 도시였다. 새로운 힘은 언제나 변방에서 오는 것일까? 어쨌든 그 기나긴 투쟁에서 이 거인은 깊은 트라우마를 입고 그만큼의 자유를 상실하기도 했다. 치유의 시간이 필요할 것이다. 그러나 많은 일을 겪고 멜랑콜리에 잠긴 거인은 다시 일어설 것이다. 토리노인들은 슬라이딩 퍼즐을 맞추는 사람처럼 작은 진실에 머물지 않고 새로운 변화와 더 큰 진실을 찾아나갈 것이다. 적어도 토리노의 역사를 조금이라도 아는 사람들은 그렇게 생각할 것이다.

후기

1995년 늦겨울로 기억한다. 토리노에 처음 발을 디딘 것은. 로마에서 기차로 한참을 달려 저녁 어스름에 도착했을 때의 토리노는 지금도 그 색감으로 기억난다. 황금색. 그러나 어딘지 처량하고 빛바래 보이는 황금색이었다. 이 황금색은 도시의 가스등만큼이나 황혼 녘의 모더니티에서 창백하게 발산된 빛의 그림자였을 것이다. 그때 이후 오랫동안 황금색의 토리노는 잘 설명하기는 어렵지만 근대성에서 비껴난 모호한 포스트모던의 감수성을 품은 도시로 보였다. 그런 감수성은 멜랑콜리한 것으로 느껴졌는데, 찾아보니 이미 많은 작가들과 화가들이 멜랑콜리의 도시 토리노를 글과 그림으로 다채롭게 표현해놓았음을 알게 되었다. 그럼에도 선뜻 이해되지 않아 아둔함을 자책하고 있다가 기회가 주어져 이 글을 쓰기 시작했다. 이 책에서는 멜랑콜리의 감수성이 나타나게 된 역사적 맥락을 밝혀보고 싶었고, 나아가 멜랑콜리의 가능한 대안까지 사유해보고픈 마음도 있었다. 그러다 보니 어색한 모양새로 멜랑콜리와 모더니티를 대질 심문하게 되었고, 헤게모니와 계급투쟁, 혁명, 자유 등도 증인들로 줄줄이 소환하고 말았다. 저자로서는 감당할 수 없다고 느꼈지만, 앞으로의 공부를 위해 중간 정리는 필요하겠다고 생각했다.

멜랑콜리에 대해 한마디만 덧붙이자. 요제프 필스마이어Joseph Vilsmaier의 전쟁 영화 〈스탈린그라드〉에는 러시아 전선으로 출정하는 젊은 독일 장교가 열차 안에서 애인에게 편지를 쓰는 장면이 나온다. 지난날의 의심과 불확실성은 없어지고 삶의 의미와 목표가 뚜렷해지면서 모든 멜랑콜리가 사라졌노라고 말이다. 그러나 장교는 곧 참혹한 전투를 겪으며 걷잡을 수 없이 멜랑콜리에 빠질 터였다. 반파시스트 투쟁을 전개한 젊은 투사들도 그러했을 것이다. 내면의 극기로써 멜랑콜리를 넘어섰지만, 실제의 투쟁은 그들에게 다시 고통을 안겨줄 것이었다. 이렇듯 멜랑콜리는 사라지지 않고 오래 지속된다. 그럴 수밖에 없는 것은, 베유Simone Weil가 지적했듯이, 힘과 힘이 부딪치는 투쟁의 본질이 인간을 사물로 만드는 데 있기 때문이다. 그에 따르면, 힘에 종속된 영혼은 수동적인 물질로 전락하여, 한편으로 "재앙의 눈먼 원인을 이루는 화재, 홍수, 바람, 사나운 짐승들"이 되거나 다른 한편으로 "겁먹은 동물, 나무, 물, 모래"가 된다는 것이다.[1] 그렇다면 멜랑콜리는 자신의 사물화, 즉 인간성의 상실을 깨달은 상처 입은 자의 감정으로서, 투쟁하는 인간을 항상 따라다니는 엷지만 길게 드리워진 그림자이다. 피아트의 도시, 반파시즘의 도시 토리노가 본질적으로 멜랑콜리의 도시가 될 수밖에 없는 까닭이다.

그동안 토리노에 자주 다녔지만, 책을 쓰며 새로 깨달은 게 많다. 직접 보고 느끼는 것도 중요하지만, 대상에 대한 지식을 배우고 사유하는 것이 중요하다는 것을 새삼 느낀다. 다르게 보려면 다르게 생각해야 한다. 형용모순을 두려워하지 않고 다르게 사유하는 법은 토리노의 반파시스트 지식인들로부터 배웠고, 이를 책의 결론부에서도 따로 논해보았다. 저자에게 토리노에 대한 지식의 대부분은 얼마 전 작고하신 고 故 프랑코 라멜라Franco Ramella 선생님에게서 배운 것이기도 하다. 선생님은 소박하고 온화하며 겸손한 분이셨다. 토리노를 연구해보라며 피아트 문서고와 고베티 연구소, 피에몬테 레지스탕스역사연구소 등 꼭 필요한 연구 공간들도 소개해주셨다. 선생님께서 추천해주신 연구 주제들이 토리노에 국한된 것은 아니나, 앞으로도 공부는 여기서 할 것이다. 왜 토리노만 가느냐고 묻는 가족들의 의문을 뒤로하고, 저자의 발길은 계속 토리노를 향하리라. 공부할 것이 거기 있으니까 말이다. 아울러 절판되었던 선생님의 미시사microstoria 작품인 『토지와 방직기Terra e Telai』가 최근 재출간되어 활발히 논의되고 있어 진정 반갑다.

팬데믹으로 발만 구르다가 마침내 지난 2022년 여름 그리워하던 도시를 방문할 수 있었다. 그 자신 노련한 역사학자이자 라멜라 선생님의 사모님이시기도 한 루치아나 베니뇨Luciana Benigno 선생님께서 큰 상실감에도 불구하고 저자를 따뜻하게 맞이해주셨다. 또한 바쁜 일정도 미루고 가족 모임을 마련해준 오랜 벗 파비오의 우정도 잊을 수 없다. 이번 토리노 방문에서는 현지 연구자들과 편히 이야기 나눌 시간이 많았다. 특히 오랜만에 만난 토리노 대학의 노동사가 스테파노 무소 교수와 밀린 정담을 나누며 피아트의 운명에 대해 대화한 시간이 무척이나 소중했다. 그동안 그가 생산한 수많은 연구 성과 중 극히 일부가 이 책에 인용되어 있다. 그런가 하면 이번에 새로 인연을 맺게 된 마르코 스카비노Marco Scavino 교수와 함께 토리노의 반파시스트 지식인들을 주제로 긴 시간에 걸쳐 더위를 잊고 토론할 수 있었다. 실로 귀한 시간이었다. 책에 나오는 에이나우디 출판사의 역할과 토리노 지식인들의 사적 관계들, 고베티에 대한 그람시의 평가가 갖는 중요성 등은 스카비노 교수가 알려준 내용들이다. 자신의 지식을 공유해준 그의 관대함에 감사할 뿐이다. 덧붙여, 피아트의 1970년대를 다룬 4장의 구성은 『역사학보』 252집(2021)에 게재한 저자의 논문에 기초했음을 밝혀둔다.

끝으로, 출판사에서 처음 이탈리아 도시에 대한 글을 제의했을 때 토리노는 틀림없이 후보 도시가 아니었을 테지만, 흔쾌히 토리노에 대한 글을 쓸 기회를 제공해주셨을뿐더러 마감 시한을 넘긴 저자의 게으름까지 용인해주신 김현주 편집장님과 이근혜 주간님께 감사드린다. 이제 학교를 옮긴 지는 좀 시간이 흘렀으니, 새 직장에 적응하느라 정신없었다고 말하면 변명이 되리라. 물론 주제넘게 많은 일들을 하면서 글쓰기에 전념하기 힘들었던 것은 사실이다. 그래도 밤마다 틈틈이 글을 쓰는 동안 행복했다. 저자의 행복감이 독자들에게도 온전히 닿을 수 있기를 진심으로 희망한다. 물론 사랑하는 가족들과도 행복감을 나눌 것이다. 아내 박미애와 딸 장진서도 토리노를 좋아하니 이 책도 좋아할 것 같아 정말 다행이다. 또한 무심한 아들 때문에 종종 낙심하셨을 어머님께도 이 작은 책이 그래도 약간의 변명이 되지 않을까 감히 위안 삼아 본다.

주

들어가며 | 작은 덕, 큰 덕

1 Natalia Ginzburg, "Ritratto d'un Amico," *Le Piccole Virtù*, Torino: Einaudi, 2015, pp. 15~16. 토리노의 멜랑콜리에 대한 긴츠부르그의 묘사는 다음 책에서도 볼 수 있다. 서경식, 『나의 이탈리아 인문 기행』, 최재혁 옮김, 반비, 2018, p. 237.

2 Angelo d'Orsi, "Un Profilo Culturale," Valerio Castronovo, *Torino*, Roma and Bari: Laterza, 1987, p. 615.

3 같은 글, p. 616.

4 Gino Moliterno(ed.), *Encyclopedia of Contemporary Italian Culture*, London: Routledge, 2000, p. 328.

5 서경식, 『시대의 증언자 쁘리모 레비를 찾아서』, 박광현 옮김, 창비, 2006, pp. 40, 150.

6 나탈리아 긴츠부르그, 『가족어 사전』, 이현경 옮김, 돌베개, 2016, pp. 64, 79, 129 등을 보라.

7 서경식, 『나의 이탈리아 인문 기행』, p. 231.

8 Gianni Oliva, *Storia di Torino: Dalle Origini ai Giorni Nostri*, Pordenone: Edizioni Biblioteca dell'Immagine, 2014, pp. 152~53.

9 Natalia Ginzburg, "Le Piccole Virtù," *Le Piccole Virtù*, p. 99.

프롤로그 | 모든 길은 토리노로 통한다. 적어도 20세기에는

1 Gianni Oliva, *Storia di Torino: Dalle Origini ai Giorni Nostri*, Pordenone:

Edizioni Biblioteca dell'Immagine, 2014, pp. 4, 101. 또한 책 날개의
설명도 참조.

2   Istituto Geografico De Agostini, *Torino*, preface by Carlo Montù, Novara,
1924, p. 48.

3   Valerio Castronovo, *Torino*, Roma and Bari: Laterza, 1987, pp. 200~201.
인용문은 데이비드 크렐·도널드 베이츠, 『좋은 유럽인 니체: 니체가
살고 숨쉬고 느낀 유럽을 거닐다』, 박우정 옮김, 글항아리, 2014, pp.
441~42를 보라.

4   프리드리히 니체, 『차라투스트라는 이렇게 말했다』, 장희창 옮김,
민음사, 2004, p. 64.

5   Valerio Castronovo, *Torino*, pp. 176, 188~89.

6   같은 책, pp. 181~85.

7   Yael Tamir, *Why Nationalism*, paperback edition, Princeton and Oxford:
Princeton University Press, 2019, p. 134.

1장   이탈리아의 디트로이트, 이탈리아의 페트로그라드

1   Valerio Castronovo, *Torino*, Roma and Bari: Laterza, 1987, pp. 148~50.

2   Anthony L. Cardoza and Geoffrey W. Symcox, *Storia di Torino*, Torino:
Einaudi, 2006, pp. 214~15.

3   Valerio Castronovo, *Fiat, 1899-1999: Un Secolo di Storia Italiana*,
Milano: Rizzoli, 1999, pp. 65~66.

4   같은 책, p. 49.

5   Anthony L. Cardoza and Geoffrey W. Symcox, *Storia di Torino*, p. 215.

6   카를 마르크스, 『자본 I-1』, 강신준 옮김, 길, 2008, p. 176. 또한
데이비드 하비, 『자본이라는 수수께끼: 자본주의 세계경제의 위기들』,
이강국 옮김, 창비, 2012, p. 103을 참조.

7   Valerio Castronovo, *Torino*, pp. 148~49. 강조는 인용자의 것. 또한
     이른바 "파촐리 위기"에 대해서는 다음을 참조. 장문석, 『피아트와
     파시즘: 기업은 국가를 어떻게 활용했는가』, 지식의풍경, 2009, p. 86.

8   Paolo Alatri, "La Fiat dal 1921 al 1926," *Belfagor*, vol. 3, 1974, p. 312.

9   아녤리와 포드가 농촌 출신이라는 점, "말 없는 마차"에 대한 직관과
     "대중을 위한 자동차"라는 감각을 공유했다는 점, 나아가 포드의
     시카고 도축장 방문 등에 대해서는 Valerio Castronovo, *Fiat*, pp.
     48~49를 보라.

10   Gianni Oliva, *Storia di Torino: Dalle Origini ai Giorni Nostri*, Pordenone:
     Edizioni Biblioteca dell'Immagine, 2014, p. 243.

11   같은 책, pp. 243~44.

12   Valerio Castronovo, *Fiat*, pp. 68~69.

13   같은 책, pp. 72~73.

14   Marco Revelli, *Lavorare in Fiat: Da Valletta ad Agnelli a Romiti, Operai
     Sindacati Robot*, Roma: Garzanti, 1989, p. 7.

15   루이 알튀세르, 『무엇을 할 것인가?: 그람시를 읽는 두 가지 방식』,
     배세진 옮김, 오월의봄, 2018, pp. 20~29, 143. 인용문에서 강조는
     원문의 것.

16   Valerio Castronovo, *Torino*, pp. 157~59.

17   Valerio Castronovo, *Fiat*, p. 109.

18   루시 휴스핼릿, 『파시즘의 서곡, 단눈치오: 시인, 호색한, 전쟁광』,
     장문석 옮김, 글항아리, 2019, pp. 85~94.

19   Valerio Castronovo, *Fiat*, pp. 119, 124.

20   Gianni Oliva, *Storia di Torino*, p. 246.

21   같은 책, pp. 246~47; Anthony L. Cardoza and Geoffrey W. Symcox, *Storia
     di Torino*, p. 228.

22   Gianni Oliva, *Storia di Torino*, pp. 247~48.

23   Valerio Castronovo, *Fiat*, pp. 125~26; Gianni Oliva, *Storia di Torino*, pp.

248~49. 몬타냐나의 회고는 Mario Montagnana, *Ricordi di un Operaio Torinese*, Roma: Rinascita, 1949를 참조.

24 Gianni Oliva, *Storia di Torino*, pp. 249~50.

25 장문석, 『피아트와 파시즘』, pp. 30~31.

26 Valerio Castronovo, *Fiat*, p. 215.

27 같은 책, p. 218.

28 Anthony L. Cardoza and Geoffrey W. Symcox, *Storia di Torino*, pp. 232~33.

29 Valerio Castronovo, *Fiat*, pp. 219~20.

30 "다른 그람시"에 대해서는 Giuseppe Berta, *Conflitto Industriale e Struttura di Impresa alla Fiat(1919-1979)*, Bologna: Mulino, 1998, pp. 55~56를 보라. 그람시의 인용문은 Antonio Gramsci, *Lettere 1908-1926*, A. A. Santucci(ed.), Torino: Einaudi, 1992, pp. 172~73, 312~14 참조. 여기서는 베르타의 위 책에서 재인용했다. "두 개의 분리된 세계"에 대해서는 Marco Revelli, *Lavorare in Fiat*, p. 62를 보라. 또한 장문석, 「갈등에서 헤게모니로: 피아트 노동자들과 경영진의 관계 변화, 1969~1980」, 『역사학보』 252집, 2021, p. 499 참조.

31 아녤리의 협동조합화 제안과 대표이사직 사임, 아녤리 모친의 장례식 등의 일화들에 대해서는 장문석, 『피아트와 파시즘』, pp. 37~40을 보라. 그 밖에 다음을 참조하라. Giuseppe Berta, "La Cooperazione Impossibile: La Fiat, Torino e il 'Biennio Rosso'," *Fiat, 1899-1930: Storia e Documenti*, Milano: Fabbri, 1991, pp. 240~43; Valerio Castronovo, *Fiat*, pp. 224~38. 또한 아녤리의 벨기에 구상에 대해서는 *La Stampa, La Città dell'Avvocato: Giovanni Agnelli e Torino. Storia di un Amore*, Torino: Editrice La Stampa, 2008, p. 21을 참조하라.

32 Valerio Castronovo, *Giovanni Agnelli*, Torino: UTET, 1971, p. 241; Valerio Castronovo, *Fiat*, p. 284.

33 데이비드 하비, 『자본이라는 수수께끼』, pp. 147~48.

34   Edoardo Persico, *Tutte le Opere, II*, G. Veronesi(ed.), Milano: Comunità, 1964, pp. 3~5〔Angelo d'Orsi, "La Vita Culturale e i Gruppi Intellettuali," Nicola Tranfaglia(ed.), *Storia di Torino*, VIII, *Dalla Grande Guerra alla Liberazione(1915-1945)*, Torino: Einaudi, 1998, pp. 516~17에서 재인용〕.

35   Niamh Cullen, *Piero Gobetti's Turin: Modernity, Myth and Memory*, Bern: Peter Lang, 2011, pp. 36, 117.

36   고베티의 링고토 관람기에 대해서는 Piero Gobetti, "Visita alla Fiat," *Scritti Politici*, 2nd edition, Paolo Spriano(ed.), Torino: Einaudi, 1997, pp. 553~56 참조. 강조는 인용자의 것.

37   타스카와 그람시의 말은 다음을 참조하라. Angelo Tasca, "Cultura e Socialismo," *L'Ordine Nuovo*, I, 28 June-5 July 1919, n. 8, pp. 55~56; Antonio Gramsci, *Cronache Torinesi, 1913-1917*, S. Caprioglio(ed.), Torino: Einaudi, 1980, pp. 99~103〔Angelo d'Orsi, "La Vita Culturale," pp. 517~20에서 재인용〕. 강조는 인용자의 것.

2장   멜랑콜리여 안녕

1   Antonio Gramsci, "I Due Fascismi," *Sul Fascismo*, Cogito Edizioni, 2018, pp. 82~83〔안토니오 그람시, 「두 개의 파시즘(1921년 8월 25일)」, 리처드 벨라미 엮음, 『안토니오 그람시 옥중수고 이전』, 김현우·장석준 옮김, 갈무리, 2001, pp. 273~74〕.

2   Anthony L. Cardoza and Geoffrey W. Symcox, *Storia di Torino*, Torino: Einaudi, 2006, p. 234.

3   Franco Fiorucci, "La Rivoluzione di Henry Ford," *Millenovecento*, vol. 12, 2003, p. 8.

4   Duccio Bigazzi, *Il Portello: Operai, Tecnici e Imprenditori all'Alfa-Romeo*

1906-1926, Milano: Franco Angeli, 1988, p. 13.

5 피아트와 알파로메오의 대비에 대해서는 장문석, 「파시즘과 근대성: 미국주의에 대한 인식과 표상을 중심으로」, 『지중해지역연구』, vol. 10, no. 4, 2008, pp. 96~99를 보라.

6 Gian Carlo Jocteau, "Torino e il Fascismo," Valerio Castronovo(ed.), *Storia Illustrata di Torino*, VII, *Torino dal Fascismo alla Repubblica*, Milano: Elio Sellino Editore, 1993, p. 1807.

7 Anthony L. Cardoza and Geoffrey W. Symcox, *Storia di Torino*, p. 234.

8 Gianni Oliva, *Storia di Torino: Dalle Origini ai Giorni Nostri*, Pordenone: Edizioni Biblioteca dell'Immagine, 2014, p. 253.

9 Valerio Castronovo, *Torino*, Roma and Bari: Laterza, 1987, pp. 259~60.

10 Gianni Oliva, *Storia di Torino*, p. 253.

11 노동과 언론의 영역에서 아넬리와 지방 파시스트들 사이의 갈등에 대해서는 장문석, 『피아트와 파시즘: 기업은 국가를 어떻게 활용했는가』, 지식의풍경, 2009, pp. 114~31을 보라.

12 무솔리니의 이 의미심장한 말은 Valerio Castronovo, *Giovanni Agnelli*, Torino: UTET, 1971, pp. 320~21에서 재인용. 또한 장문석, 『피아트와 파시즘』, p. 118을 보라.

13 Valerio Castronovo, *Giovanni Agnelli*, p. 249. 또한 Gianni Oliva, *Storia di Torino*, p. 254를 보라.

14 Eugenio Scalfari, "La Cura Agnelli per l'Italia," *La Repubblica*, 25 November 1982. 강조는 인용자의 것. 피아트의 토리노주의 또는 피에몬테주의에 대해서는 장문석, 『피아트와 파시즘』, pp. 97~100을 참조.

15 Gianni Oliva, *Storia di Torino*, pp. 254~55.

16 Gian Carlo Jocteau, "Torino e il Fascismo," p. 1804; Gianni Oliva, *Storia di Torino*, p. 255.

17 Istituto Geografico De Agostini, *Torino*, preface by Carlo Montù, Novara,

1924, p. 69.

18   Gian Carlo Jocteau, "Torino e il Fascismo," pp. 1804~806.

19   같은 글, p. 1809.

20   Valerio Castronovo, *Fiat, 1899-1999: Un Secolo di Storia Italiana*,
      Milano: Rizzoli, 1999, p. 563. 또한 장문석, 『피아트와 파시즘』, p.
      228을 보라.

21   Gianni Oliva, *Storia di Torino*, pp. 256~57. 강조는 인용자의 것.

22   Valerio Castronovo, *Fiat*, p. xiv.

23   Piero Gobetti, "Elogio della Ghigliottina," *Scritti Politici*, 2nd edition,
      Paolo Spriano(ed.), Torino: Einaudi, 1997, pp. 432~33.

24   David Ward, *Piero Gobetti's New World: Antifascism, Liberalism, Writing*,
      Toronto: University of Toronto Press, 2010, pp. 82~87.

25   Piero Gobetti, "Elogio della Ghigliottina," pp. 432~33.

26   Michelangelo Bovero, "Il Dovere dell'Intransigenza: Piero Gobetti e
      l'Altra Italia'," *Il Ponte*, vol. 58, no. 4, 2002, pp. 104~107. 또한 장문석,
      「이탈리아 파시즘과 "민족의 자서전": 피에로 고베티의 파시즘 해석」,
      『서양사론』 143권, 2019, p. 214를 보라.

27   "근대 자본주의의 영웅"으로서의 아넬리에 대한 평가는 Valerio
      Castronovo, *Fiat*, p. xii를, "우리들의 프로테스탄티즘"에 대해서는 Piero
      Gobetti, "Il Nostro Protestantismo," *Scritti Politici*, pp. 823~26 참조.

28   Piero Gobetti, "La Rivoluzione Italiana: Discorso ai Collaboratori di
      'Energie Nove'," *Scritti Politici*, p. 190. 강조는 인용자의 것.

29   Paolo Spriano, *Gramsci e Gobetti: Introduzione alla Vita e alle Opere*,
      Torino: Einaudi, 1977, p. 19.

30   고베티의 경제적 자유주의와 "국가사회주의"에 대한 비판, "좋은
      부르주아"와 "좋은 시민"의 관계 등에 대해서는 장문석, 「피에로
      고베티와 자유주의 혁명」, 『역사와 담론』 79집, 2016, pp. 147~49,
      160~61 참조.

31   Wilda M. Vanek, "Piero Gobetti and the Crisis of the 'Prima Dopoguerra'," *Journal of Modern History*, vol. 37, no. 1, 1965, p. 8.

32   '노동'과 '생산'은 19세기 후반 이래 이탈리아 사회를 지배한 중요한 담론적 키워드였다. "노동하고 생산하는 새로운 이탈리아"라는 표현은 카스트로노보가 토리노 일간지 『스탐파』에서 인용한 것이다. Valerio Castronovo, *Fiat*, p. xi.

33   Domenico Losurdo, *Class Struggle: A Political and Philosophical History*, Gregory Elliott(trans.), New York: Palgrave Macmillan, 2018, pp. 152~53.

34   Piero Gobetti, "La Lotta di Classe e la Borghesia," Ersilia Alessandrone Perona(ed.), *La Rivoluzione Liberale: Saggio sulla Lotta Politica in Italia*, Torino: Einaudi, 1995, p. 134.

35   George C. Comninel, *Rethinking the French Revolution: Marxism and the Revisionist Challenge*, London and New York: Verso, 1987, pp. 54~63. 또한 장문석, 「피에로 고베티와 자유주의 혁명」, p. 171을 보라.

36   Domenico Losurdo, *Class Struggle*, p. 8.

37   Piero Gobetti and Ada Gobetti, *Nella Tua Breve Esistenza, Lettere 1918-1926*, Ersilia Alessandrone Perona(ed.), Torino: Einaudi, 2017, p. 457.

38   Antonio Gramsci, *Il Risorgimento*, Torino: Einaudi, 1966, p. 86.

39   Piero Meaglia, "Gobetti e il Liberalismo: Sulle Nozioni di Libertà e di Lotta," *Mezzosecolo*, 4, 1980/1982, pp. 203~205. 또한 장문석, 「피에로 고베티와 자유주의 혁명」, pp. 150~51을 보라.

40   Piero Gobetti, "Concetto e Sviluppi del Liberalismo in Italia," *La Rivoluzione Liberale*, p. 45. 강조는 인용자의 것.

41   장문석, 「파시스트 이탈리아의 문화 혁명과 지식인들: 로마와 토리노, 1930~1940」, 『역사학보』 221집, 2014, pp. 502~503.

42   Bruno Bongiovanni, "La Modernistica," Angelo d'Orsi(ed.), *La Città, la Storia, il Secolo: Cento Anni di Storiografia a Torino*, Bologna: Mulino, 2001, pp. 264~70. 또한 장문석, 「파시스트 이탈리아의 문화 혁명과

지식인들」, pp. 503~504를 보라.

43　Istituto Geografico De Agostini, *Torino*, p. 25.

44　Gianni Oliva, *Storia di Torino*, pp. 257~58.

45　Valerio Castronovo, *Il Piemonte, Storia d'Italia: Le Regioni dall'Unità a Oggi*, Torino: Einaudi, 1995, p. 464. 또한 장문석, 「파시스트 이탈리아의 문화 혁명과 지식인들」, p. 508을 보라.

46　Piero Gobetti and Ada Gobetti, *Nella Tua Breve Esistenza*, p. 121. 강조는 인용자의 것.

47　같은 책, p. 114. 강조는 인용자의 것.

48　Angelo d'Orsi, *La Cultura a Torino tra le Due Guerre*, Torino: Einaudi, 2000, p. 319. 또한 장문석, 「파시스트 이탈리아의 문화 혁명과 지식인들」, pp. 508~509를 보라.

49　Angelo d'Orsi, *La Cultura a Torino*, pp. 357~58; Bruno Bongiovanni, "La Modernistica," p. 257; 장문석, 「파시스트 이탈리아의 문화 혁명과 지식인들」, pp. 510~11. 인용문의 강조는 인용자의 것. 또한 고베티의 인용문은 각각 다음을 보라. Piero Gobetti, "Illuminismo," *Scritti Storici, Letterari e Filosofici*, Paolo Spriano(ed.), Torino: Einaudi, 1969, p. 602; Piero Gobetti, "Le Elezioni," *Scritti Politici*, p. 590.

3장　가난한 자의 포드주의

1　Valerio Castronovo, *Fiat, 1899-1999: Un Secolo di Storia Italiana*, Milano: Rizzoli, 1999, p. xiv.

2　장문석, 『피아트와 파시즘: 기업은 국가를 어떻게 활용했는가』, 지식의풍경, 2009, pp. 245~46.

3　Giovanni De Luna, "L'Azionismo," Gianfranco Pasquino(ed.), *La Politica Italiana: Dizionario Critico 1945-95*, Roma and Bari: Laterza, 1995, pp.

169~70.

4   같은 글, pp. 169~75.

5   같은 글, pp. 175~76.

6   Vittorio Foa, *Il Cavallo e la Torre: Riflessioni su una Vita*, Torino: Einaudi, 1991, p. 55.

7   같은 책, pp. 55~56.

8   고베티의 "혁명적 자유주의"가 자유주의와 사회주의를 보충적이거나 연속적인 관계로 보지 않았다는 점에 대해서는 Giovanni De Luna, "L'Azionismo," p. 172를 참조.

9   Vittorio Foa, *Il Cavallo e la Torre*, p. 25.

10   같은 책, p. 198. 강조는 인용자의 것.

11   Norberto Bobbio, *Trent'Anni di Storia della Cultura a Torino(1920-1950)*, Torino: Einaudi, 2002, p. 78.

12   Vittorio Foa, *Il Cavallo e la Torre*, p. 61에서 재인용.

13   Norberto Bobbio, *Trent'Anni di Storia della Cultura a Torino*, p. 129.

14   Giovanni De Luna, "L'Azionismo," p. 177. 강조는 인용자의 것.

15   Angelo d'Orsi, "Un Profilo Culturale," Valerio Castronovo, *Torino*, Roma and Bari: Laterza, 1987, pp. 621~23.

16   같은 글, p. 622.

17   같은 글, p. 628.

18   Norberto Bobbio, *Trent'Anni di Storia della Cultura a Torino*, p. 74.

19   J. R. Woodhouse, "Literature," Adrian Lyttelton(ed.), *Liberal and Fascist Italy, 1900-1945*, Oxford: Oxford University Press, 2002, pp. 231~32.

20   Angelo d'Orsi, "Un Profilo Culturale," pp. 625~26.

21   같은 글, pp. 619~20.

22   Antonio Gramsci, "Alcuni Temi della Quistione Meridionale," Paolo Spriano(ed.), *Scritti Politici*, Roma: Riuniti, 1967, p. 740. 또한 안토니오 그람시, 「남부 문제에 대한 몇 가지 주제들」, 『남부 문제에 대한 몇

가지 주제들 외』, 김종법 옮김, 책세상, 2004, p. 101 참조.

23   Angelo d'Orsi, "Un Profilo Culturale," pp. 626~27.

24   Vittorio Foa, *Il Cavallo e la Torre*, p. 56.

25   Norberto Bobbio, *Trent'Anni di Storia della Cultura a Torino*, pp. 128~29.

26   같은 책, p. 131.

27   Antonio Gramsci, *Quaderni del Carcere*, Valentino Gerratana(ed.), Torino:
      Einaudi, 1975, quaderno 3, § 34, p. 311.

28   Piero Bairati, *Vittorio Valletta*, Torino: UTET, 1983, p. 85.

29   Francesca Fauri, "The Role of Fiat in the Development of the Italian Car
      Industry in the 1950's," *Business History Review*, vol. 70, 1996, p. 184.

30   Gianni Oliva, *Storia di Torino: Dalle Origini ai Giorni Nostri*, Pordenone:
      Edizioni Biblioteca dell'Immagine, 2014, p. 275.

31   Piero Bairati, *Vittorio Valletta*, p. 314.

32   Gianni Oliva, *Storia di Torino*, p. 275.

33   John Foot, *Modern Italy*, 2nd edition, Basingstoke: Palgrave Macmillan,
      2014, p. 157.

34   Ernesto Galli della Loggia, "Fiat e l'Italia," Cesare Annibaldi and
      Giuseppe Berta(eds.), *Grande Impresa e Sviluppo Italiano: Studi per i
      Cento Anni della Fiat*, Bologna: Mulino, 1999, p. 28.

35   "Un Antagonista di Classe," *L'Unità*, 11 August 1967.

36   Piero Bairati, *Vittorio Valletta*, p. 5.

37   Gianni Oliva, *Storia di Torino*, p. 274.

38   John Foot, *Modern Italy*, p. 156.

39   Stefano Musso, "Fiat di Valletta," Nicola Tranfaglia(ed.), *Storia di Torino,
      IX, Gli Anni della Repubblica*, Torino: Einaudi, 1999, p. 285.

40   Piero Bairati, *Vittorio Valletta*, p. 304; Luciano Baroa, "Le Belle Idee da
      Sole Non Bastano," *L'Unità*, 25 November 1954.

41   Vittorio Foa, *Il Cavallo e la Torre*, p. 51.

42 Piero Bairati, *Vittorio Valletta*, p. 69.

43 John Foot, *Modern Italy*, pp. 156~58.

44 Gianni Oliva, *Storia di Torino*, pp. 275~76. 또한 Stefano Musso, "Il Lungo Miracolo Economico: Industria, Economia e Società(1950-1970)," *Storia di Torino*, IX, p. 55 참조.

45 Valerio Castronovo, *Fiat*, p. 1200.

46 Giuseppe Berta, "Mobilitazione Operaia e Politiche Manageriali alla Fiat, 1969-1979," *Tra Fabbrica e Società: Mondi Operai nell'Italia del Novecento*, Milano: Feltrinelli, 1999, p. 656.

47 같은 글, p. 662.

48 Fabio Levi, "Torino, o Cara... Dove Va la Città della Fiat," *Meridiana*, no. 16, 1993, pp. 137~38. 강조는 인용자의 것.

49 장문석, 『피아트와 파시즘』, pp. 160~61.

50 Pier Luigi Bassignana, *Torino dal Miracolo Economico agli Anni '80*, Torino: Edizioni del Capricorno, 2020, pp. 41~43.

51 같은 책, pp. 41, 43.

52 Valerio Castronovo, *Fiat*, p. 1103.

53 Silvio Lanaro, *L'Italia Nuova: Identità e Sviluppo 1861-1988*, Torino: Einaudi, 1988, p. 37. 강조는 원문의 것.

4장   내 생애 최고의 해

1   장문석, 「갈등에서 헤게모니로: 피아트 노동자들과 경영진의 관계 변화, 1969~1980」, 『역사학보』 252집, 2021, pp. 483, 491; John Foot, *Modern Italy*, 2nd edition, Basingstoke: Palgrave Macmillan, 2014, p. 156.

2   Giuseppe Volpato, *Fiat Auto: Crisi e Riorganizzazioni Strategiche di un'Impresa Simbolo*, Torino: ISEDI, 2004, pp. 75, 81.

3 Valerio Castronovo, *Fiat, 1899-1999: Un Secolo di Storia Italiana*, Milano: Rizzoli, 1999, p. 1200.

4 Sergio Bologna, "A proposito di *Lavorare in Fiat* di Marco Revelli," *Movimento Operaio e Socialista* 1-2, gennaio-agosto 1990, p. 205.

5 칼 맑스·프리드리히 엥겔스, 『임금노동과 자본 | 가치, 가격, 이윤』, 개정증보판, 김태호 옮김, 박종철출판사, 2020, p. 137. 강조는 인용자의 것.

6 Testimonianza all'a. di Carlo Callieri, Torino, Direzione Fiat, 26 Giugno 1989, Archivio Storico Fiat〔Giuseppe Berta, "Mobilitazione Operaia e Politiche Manageriali alla Fiat, 1969-1979," *Tra Fabbrica e Società: Mondi Operai nell'Italia del Novecento*, Milano: Feltrinelli, 1999, pp. 672~73에서 재인용〕.

7 Mario Gheddo, *Commissione Interna: Ricordi di Mario Gheddo*, Renato Bresciani(ed.), Torino: Effatà Editrice, 2019, pp. 90~91, 103.

8 Anthony L. Cardoza, *A History of Modern Italy: Transformation and Continuity, 1796 to the Present*, Oxford and New York: Oxford University Press, 2019, p. 263.

9 Fabio Levi, "Torino, o Cara... Dove Va la Città della Fiat," *Meridiana*, no. 16, 1993, p. 138.

10 Paul Ginsborg, *A History of Contemporary Italy: Society and Politics 1943-1988*, London: Penguin Books, 1990, p. 316〔폴 긴스버그, 『이탈리아 현대사: 반파시즘 저항운동에서 이탈리아공산당의 몰락까지』, 안준범 옮김, 후마니타스, 2018, p. 456〕.

11 Giuseppe Berta, "Mobilitazione Operaia e Politiche Manageriali alla Fiat," p. 660.

12 Gabriele Polo, *I Tamburi di Mirafiori: Testimonianze Operaie attorno all'Autunno Caldo alla Fiat*, Torino: CRIC, 1989, pp. 168~69〔Giuseppe Berta, "Mobilitazione Operaia e Politiche Manageriali alla Fiat," p.

669에서 재인용]. 강조는 원문의 것.

13   Giuseppe Berta, "Mobilitazione Operaia e Politiche Manageriali alla Fiat," pp. 666~72. 또한 장문석, 「갈등에서 헤게모니로」, p. 494 참조.

14   Gabriele Polo, *I Tamburi di Mirafiori*, p. 88〔Giuseppe Berta, "Mobilitazione Operaia e Politiche Manageriali alla Fiat," p. 668에서 재인용]. 강조는 원문의 것.

15   Paul Ginsborg, *A History of Contemporary Italy*, p. 321〔폴 긴스버그, 『이탈리아 현대사』, p. 463〕.

16   Marco Revelli, *Lavorare in Fiat: Da Valletta ad Agnelli a Romiti, Operai Sindacati Robot*, Roma: Garzanti, 1989, p. 69.

17   Giuseppe Berta, "Mobilitazione Operaia e Politiche Manageriali alla Fiat," p. 688; Giuseppe Berta, *Mirafiori*, Bologna: Mulino, 1998, pp. 88~89. 또한 장문석, 「갈등에서 헤게모니로」, pp. 497~99 참조.

18   Giuseppe Volpato, *Fiat Auto*, pp. 83~86; Valerio Castronovo, *Fiat*, p. 1252.

19   Marco Revelli, *Lavorare in Fiat*, pp. 11, 26~27. 또한 장문석, 「갈등에서 헤게모니로」, pp. 502~503 참조.

20   Lucio Libertini, *La Fiat negli Anni Settanta*, Roma: Editori Riuniti, 1973, pp. 196~97.

21   같은 책, pp. 174~75.

22   Gianni Agnelli, "Italy, International Business and International Politics," *The Atlantic Community Quarterly*, vol. 15, no. 3, 1977, p. 291〔Max Henninger, "Post-Fordist Heterotopias: Regional, National, and Global Identities in Contemporary Italy," *Annali d'Italianistica*, vol. 24, 2006, p. 179, fn 1에서 재인용].

23   Giovanni Contini, "The Rise and Fall of Shop-Floor Bargaining at Fiat 1945-1980," Steven Tolliday and Jonathan Zeitlin(eds.), *The Automobile Industry and Its Workers: Between Fordism and Flexibility*, Cambridge:

Polity Press, 1986, p. 155; Giuseppe Berta, "Mobilitazione Operaia e Politiche Manageriali alla Fiat," p. 677.

24   Giuseppe Berta, "Mobilitazione Operaia e Politiche Manageriali alla Fiat," pp. 681, 692~93. 또한 장문석, 「갈등에서 헤게모니로」, p. 505 참조.

25   Lucio Libertini, *La Fiat negli Anni Settanta*, pp. 210~11.

26   Marco Revelli, *Lavorare in Fiat*, p. 7.

27   Valerio Castronovo, *Fiat*, p. 1527.

28   Marco Revelli, *Lavorare in Fiat*, p. 72.

29   Giovanni De Luna, *Le Ragioni di un Decennio*, Milano: Feltrinelli, 2009, p. 130.

30   Fabio Levi, "Torino, o Cara... Dove Va la Città della Fiat," p. 151.

31   Giovanni De Luna, *Le Ragioni di un Decennio*, p. 55.

32   Valerio Castronovo, *Fiat*, pp. 1515~16. 또한 장문석, 「갈등에서 헤게모니로」, pp. 510~12 참조.

33   Valerio Castronovo, *Fiat*, pp. 1522~24.

34   같은 책, p. 1524.

35   같은 책, p. 1522.

36   Paul Ginsborg, *A History of Contemporary Italy*, p. 404〔폴 긴스버그, 『이탈리아 현대사』, p. 584〕.

37   Valerio Castronovo, *Fiat*, p. 1527.

38   Giovanni De Luna, *Le Ragioni di un Decennio*, p. 132.

에필로그 | 트라우마틱하고 드라마틱한

1   Giorgio Garuzzo, *Fiat: I Segreti di un'Epoca*, Roma: Fazi Editore, 2006, pp. 83~85.

2　　Marco Revelli, *Lavorare in Fiat: Da Valletta ad Agnelli a Romiti, Operai Sindacati Robot*, Roma: Garzanti, 1989, p. 137, fn. 86.

3　　Giovanni De Luna, *Le Ragioni di un Decennio*, Milano: Feltrinelli, 2009, p. 132.

4　　John Foot, *Modern Italy*, 2nd edition, Basingstoke: Palgrave Macmillan, 2014, p. 159.

5　　같은 책, p. 159.

6　　Max Henninger, "Post-Fordist Heterotopias: Regional, National, and Global Identities in Contemporary Italy," *Annali d'Italianistica*, vol. 24, 2006, p. 191, fn. 29.

7　　John Foot, *Modern Italy*, p. 161.

8　　지그문트 바우만,「노동의 대두와 몰락」, 임지현 엮음,『노동의 세기: 실패한 프로젝트?』, 삼인, 2000, pp. 47, 55, 58.

9　　Max Henninger, "Post-Fordist Heterotopias," p. 181, fn. 5.

10　　Gad Lerner, *Operai: Viaggio all'Interno della Fiat. La Case, le Fabbriche di una Classe Che Non C'è Più*, Milano: Feltrinelli, 1988, pp. 177~78, 180〔John Foot, *Modern Italy*, pp. 161~62에서 재인용〕.

11　　Max Henninger, "Post-Fordist Heterotopias," pp. 187~88.

12　　Fabio Levi, "Torino, o Cara... Dove Va la Città della Fiat," *Meridiana*, no. 16, 1993, pp. 142~44. 강조는 원문의 것.

13　　Giuseppe Berta, "Fiat: An Italian Crisis," *Italian Politics*, vol. 18, 2002, p. 239.

14　　같은 글, p. 244.

15　　Marco Simoni, "Fiat Restructuring and the Pomigliano Case: A New Era in Italian Industrial Relation?," *Italian Politics*, vol. 26, 2010, p. 201.

16　　같은 글, pp. 204~206, 216~17.

17　　데이비드 하비,『자본이라는 수수께끼: 자본주의 세계경제의 위기들』, 이강국 옮김, 창비, 2012, p. 102.

18   같은 책, p. 32.

19   Max Henninger, "Post-Fordist Heterotopias," p. 192.

20   Gianni Oliva, *Storia di Torino: Dalle Origini ai Giorni Nostri*, Pordenone:
     Edizioni Biblioteca dell'Immagine, 2014, pp. 4~5. 강조는 원문의 것.

21   John Foot, *Modern Italy*, pp. 160~61.

22   Charity Scribner, "Left Melancholy," David L. Eng and David
     Kazanjian(eds.), *Loss: The Politics of Mourning*, Berkeley and Los
     Angeles: Unversity of California Press, 2003, pp. 308~309.

23   주디스 버틀러, 『권력의 정신적 삶: 예속화의 이론들』,
     강경덕·김세서리아 옮김, 그린비, 2019, pp. 195~99.

24   Enzo Traverso, *Left-Wing Melancholia: Marxism, History, and Memory*,
     New York: Columbia University Press, 2016, pp. 4~10, 19~21. 이상에서
     언급한 멜랑콜리의 문제에 대해서는 장문석, 「노스탤지어와
     멜랑콜리로 과거를 뒤돌아보기: 루치오 마그리와 이탈리아 공산당
     몰락에 대한 기억」, 『역사비평』 133호, 2020, pp. 255~58 참조.

나오며 | 작은 자유, 큰 자유

1   Piero Meaglia, "Stato ed Economia in Gobetti," *Annali della Fondazione
    Luigi Einaudi*, XVI, 1982, p. 407.

2   EBS 〈위대한 수업 Great Minds〉 시즌 2 "슬라보예 지젝-자유론"
    편(2022)을 참조하라.

3   Jean-Paul Sartre, "La République du Silence," *Les Lettres
    Françaises*, 1944〔아녜스 푸아리에, 『사랑, 예술, 정치의 실험:
    파리좌안, 1940~50』, 노시내 옮김, 마티, 2019, p. 103에서 재인용〕.

4   Niamh Cullen, *Piero Gobetti's Turin: Modernity, Myth and Memory*, Bern:
    Peter Lang, 2011, p. 302.

5   Ernest Gellner, *Conditions of Liberty: Civil Society and Its Rivals*, London: Hamish Hamilton, 1994, pp. 46~49.

6   에릭 홉스봄, 『극단의 시대: 20세기 역사-하』, 이용우 옮김, 까치, 1997, p. 400.

7   에리 데 루카, 『나비의 무게』, 윤병언 옮김, 문예중앙, 2012.

8   Vittorio Foa, *Il Cavallo e la Torre: Riflessioni su una Vita*, Torino: Einaudi, 1991, p. 52.

9   스티브 존스, 『안토니오 그람시 비범한 헤게모니』, 최영석 옮김, 앨피, 2022, pp. 88~90.

10 Vittorio Foa, *Il Cavallo e la Torre*, p. 62.

11 Massimo L. Salvadori, *Storia d'Italia: Il Cammino Tormentato di una Nazione, 1861-2016*, Torino: Einaudi, 2018, p. XI.

12 Duccio Bigazzi, "Gli Operai della Catena di Montaggio: La Fiat, 1922-1943," *La Classe Operaia durante il Fascismo*, Milano: Feltrinelli, 1981, p. 943.

13 Giovanni De Luna, "L'Azionismo," Gianfranco Pasquino(ed.), *La Politica Italiana: Dizionario Critico 1945-95*, Roma and Bari: Laterza, 1995, p. 179.

14 Vittorio Foa, *Il Cavallo e la Torre*, p. 185. 강조는 원문의 것.

15 엘리자베트 루디네스코, 『자크 라캉 2: 삶과 사유의 기록』, 양녕자 옮김, 새물결, 2000, p. 159. 강조는 원문의 것.

후기

1   시몬 베유, 『일리아스 또는 힘의 시』, 이종영 옮김, 리시올, 2021, p. 47.

찾아보기